グレーとライフ

太田尚樹

イースト・プレス

グレーとライフ

ＬＧＢＴＱのシンボルカラーはレインボーですが、ゲイとして生きてきた僕のこれまでは、どちらかと言えばグレーでした。それは別に「暗かった」ということを意味していません。また、「レインボー」を揶揄したいわけでもありません。20代の後半にカミングアウトしてからというもの、10代の頃に抱えていた孤独感は消え、「自分らしい人生」に一歩どころか百歩は近づいた気がしています。そして、今の自分があるのは、日本社会とレインボーな前進があったからに違いありません。現代日本において、こんなにもＬＧＢＴＱに肯定的な人が多いのは、それだけ多くの人が「自分も一緒に自由になりたい」と感じているということを意味しているはずですし、そういった意味では、そこには切実さもあるわけですが、少なくとも僕は、この時代に生まれたことをありがたく感じています。ですが、これまでの道のりにおいて、僕の足元にいつも虹色のランウェイが広がっていたかと言えばそうは思えず、どちらかといえば白黒つかない道の上で頭をひねりながら歩いてきたような、そんな気がしています。

僕がカミングアウトをしたのは、十年前です。ＳＮＳに「自分はゲイです」と書き、それがやたらと「バズった」ことで、様々なＬＧＢＴＱの活動に身を置くことになりました。講演に呼ばれたり、ゲイパレードのスタッフをすることになったり、そういった日々を通じて、自然とＬＧＢＴＱのアクティビズムの歴史について学ぶ機械も増えていきました。世界中でいかにたくさんの当事者たちが壮絶な闘いを重ねてきたのかを知り、また、今までは漠然と恐怖の対象でしかなかったＬＧＢＴＱのヘイターたちについても、彼らがどんな心境でいて、その背景には何があるのか、少しは理解できるようになっていきました。

どんな差別もそうですが、その背景には、たった一人の悪人がいるわけではなく（いたとしても、その人の背景にも）歴史がありました。そして、その歴史をつくった人は一人ではありません。また差別をする当人が、これは差別だと認識していないケースもあり、それもその人が「無知である」という一言で片付けられるものではないと知りました。

「ほもおだほもお」というゲイを変態として描く１９８０年代のコント作品が、時を経て２０１０年代にリバイバルされた際に大きなバッシングを受けました。作品が世に出た当時は、多くのＬＧＢＴＱの子どもたちがクラスでからかわれ、バカにされ、大きな傷を負いました。その事実は社会問題と捉えるべきであるし、歴史を繰り返さないためにもああいった作品の再燃は阻止せねばならないと思います。ですが、僕にとっては「ほもおだほもお」を非難することが簡単ではありませんでした。なぜなら、もし自分が１９８０年代を生きる異性愛者の少年であったのなら、「ほもおだほもお」を見て笑い、ＬＧＢＴＱらしき同級生をいじめていたかもしれないと思ったからです。そうならない証拠が、僕の人生にはないと素直に感じました。

そういったことをブログに書いたところ、僕に対して烈火の如く怒る人がいたり、一方で「やさしいね」と言ってくれたりする人もいました。怒る人には、あの作品を許せない理由があったので申し訳ない気持ちになりましたが、「やさしいね」という方には「そうは思いません」と伝えてきました。僕はただ、ＬＧＢＴＱにまつわる問題を、白か黒かと仕分けながら解決していくような度量も能力もなかっただけなのです。

なので、僕は、「やる気あり美」というメディアを始めることにしました。自分みたいな誰かに届けばそれでいいやと思って、友人たちと始めた手弁当なウェブサイトでした。

そこで記事を書き、アニメをつくり、音楽をつくって発信しているうちに、やってきたのがこの本の元となる連載の話です。

ここから続く原稿には、グレーな毎日にいちいちライフを削られる僕の弱腰な人となりと、それでもグレートなライフを諦めたくない僕の意地のようなものが込められています。自分と同じように、毎日わからないことばかりで喫茶店の端でうずくまってしまうような人がもう一度席を立ってみようかと思うその助けに、少しでもなればと願っています。なんとなく前向きになれたり、なんとなくホッとしたりする、そんな曖昧な希望があるような、ないような、そんな本であってくれたらと願っています。

美学という平等

最近、通い始めたゲイバーがある。雑居ビルの4階の中廊下、小さな看板が並ぶ一角にその店はあり、木製の扉の奥には、こぎれいで手狭な空間が広がっている。この店はいつも人がごった返していて、男性も女性も、そのどちらでもない人も、昼間の緊張をほぐすように破顔して、ゲラゲラと笑っている。そして、彼らを見渡せる店の真ん中にはママ（大柄男性）が立っていて、ママは扉が開く度、入店してきた客の名前を「△△やないの〜！」とか「●●さ〜ん！」と大きな声で叫ぶ。そうやって彼は端的に歓迎の意を示すのだが、それがなんとも心地よく、僕も「太田ー！」という一声が聞きたくて通っている節がある。

ゲイバーというのは、店にもよるが、ママを親方とした相撲部屋みたいなものである。皆が会話のぶつかり稽古をしに来るので、ママの語りには説得力や迫力が必要だし、常連客はママの門下生、もしくは親方仲間（他店のママや、どこぞの偉い人）である。もちろん店のスタイルは様々であるし、イジられキャラとして身を立てている方や、寡黙で愛されている方もいるけれど、多くは、上にうまくたてる人がこの仕事をやっている。そしてこの店のママは、めっぽうそれがうまい。

以前、パートナーを亡くしてから仕事を辞めてしまい、貯金で毎日浴びるように酒を飲んでいるという方が、店で泣いていたことがあった。「夢の中でもお化けでもいい、枕元に一度くらい出てきてほしいんや」そう言って咽び泣く彼に、ママは「そりゃ、あんたみたいに泥酔してる人間の枕元に誰も出てきたいわけないやろ!」と言った。他の客が空気を読みながら適度に笑い声をあげると、彼は顔をあげて「へへへ」と笑った。ママは「ちょっとずつでもお酒へらさんとね」とほほえみ、彼は「はい」と言った。やはり、このママは親方なのである。

人気のこの店には、ハードな稽古を求めている人も来れば、一軒目のウォーミングアップとして来る人もいる。彼らのぶつかり稽古をただ静かに観戦していたいだけの人も来る。ママの門下生である僕は、皆の稽古や観戦が順調に進むよう、気立てのいい補助員みたいに役割を探すのだけれど、その日は、お茶を出すくらいの軽さで話しかけたお兄さんに「もう少し話せない?」と声をかけられたから、補助員あらため親方のウブな娘みたいなツラをして「はぁ」と返事をしてしまった。

その方は45歳くらいで、まさしくイケオジというか、見るからにモテそうな方だった。

歳の若い男を連れてきていたが、スマホをいじるばかりで、お互いへの配慮とか「想い」みたいなものを一切感じないムードだったから、関係の長いセフレか何かなのだろうと想像した。むやみに深入りするよりも、その時の興味のままに人と関わりたい、という人は結構いるし、イケオジはきっとそういう人なのだ。僕のこともただなんとなく気になって声をかけたのだろうけど、まぁこれもいい経験だし、今日はいくところまでいってみようかと僕は思った。連れ合いの若い男はほかにも予定があるらしく、ほどなくして先に帰った。

その日は金曜日だったから店内はいつにも増してさわがしく、僕らは時に顔を近づけながら、湿った声でお互いの身の上話をした。彼が「旅行とか好き?」と聞いてきたので「好きですよ。最近どこか行かれました?」と聞き返した。すると彼は、先週までヨーロッパ旅行に行っていたこと、どこどこのホテルが最高だったこと、大きな鞄を買ったけれど使わなかったことを楽しそうに教えてくれた。

僕は「すごい」とか「贅沢ですね」と合いの手を打ち、彼がおそらく誇示したいのであろう金銭的余裕を持ち上げながら話を聞いた。いつからか誰かがカラオケを歌いだし、店内は一層さわがしくなってくると、彼は店を替えようと言いだした。「このビルの隣にある◯◯って店だから、あとで来てよ」。いいですよと返すと、彼は身支度をしながらおもむろに自分のスマホ画面を僕に見せてきた。それは銀行のウェブ通帳のような表示画面で、大層な金額が表示されていたので「なんですか?」と聞くと、「これ、先月のカード利用額」と、彼は言った。僕は「すごいですね」とだけ言って、2軒目には行かずに帰った。不思議なくらい酔いが冷めたのだった。

帰りのタクシーの中で、なぜ自分は帰ろうと思ったのかと考えた。「口説く」という行為をカード利用額の提示に頼り、簡略化されたことに色気を感じなかったのだろうか。はたまた、自分の深い部分にお金や権力といった「力」に対する劣等感があり、彼に対する妬ましさから、むしゃくしゃとしたのだろうか。人間が動物である以上、「力」に惹かれるのは当然なことである。そういった意味ではお金や権力、SNSのフォロワー数というものを自分の拠り所にすることは自然なことだと思う。

けれど僕は、「美学はないのかよ」と言いたくなったのだった。「力」の序列でしか人を見られなくなってしまうことが、僕にとっては怖い。人生が「誰と一緒にいるか」で決まるように、「力」が身につくかどうかは、個人の努力よりも、運や環境要因が大きい。たとえば僕は、教育機会が充実した家庭に生まれ落ち、大企業に就職しやすい大学に進学した。そして、そこで出会った人たちによって今の人生に導かれた。そういった意味では「力」を得やすい環境であったけれど、自分のセクシャリティに目を向ければ、ゲイであることを理由として、婚姻制度や多くの社会保障を利用することができない。それは一つの「力」を得られない、ということでもある。こんなふうに「力」というのはたまたま得られたり、得られなかったりするものだから、そんなもので、人の順位を決めたくない、決めてたまるか、と僕は思う。「力」で序列がつくのなら、人間はただの動物でしかなくなる。

そう思うようになったきっかけは、おそらく学生時代にある。多くの学生がそうであるように、当時の僕は他人の「力」を羨み、自分より「力」のない人を内心では憐れんでいた。ある日の課題で社会的弱者について調べていた時は、自分の胸の内から「かわいそう」という言葉ばかりがわいてきて、種類のわからない気持ち悪さを感じた。「かわいそう」としか思えないのなら、ホームレスや障害のある方のことを自分は下に見ているということだ。もし自分が子どもを育てることになり、その子に障害があったのならガッカリするのではないか、ゲイの自分だって「下」なのに、そんなことを思っていいのか——。胸の内から容赦なくのぼってくる痛々しい自分の本音が、気持ち悪くて仕方なかった。

そんな折、障害のある子どもたちを支援するＮＰＯ団体の代表の方と話す機会を得た。そして僕は、自分のそういった思いを素直にぶつけてしまったのだった。自分はきっとガッカリするのではないかと感じているということ、そしてそんな自分が恐ろしいということを、正直に伝えた。するとその方はこう言った。

「みんな、見えている世界が違うんです。障害のある人と障害のない人では見えている世界が違う…、というわけではなくて、どんな人も違う。私も、太田さんも、みんな違うんです。それぞれが自分だけの心や体や環境を通じて世界を見ている。そしてそれぞれの世界では、それぞれに美しいものが見えていて、それをずっと見ていたいと、誰もが願っているだけだと思うんです。そういった意味で、人間に上下はありません。障害があってもなくても、どんな子にも一人一人、美しい、素敵だ、と感じるものがあります。大人は子どもたちがそれを見ていられるようにサポートできたなら、それでいいんじゃないかと思います」

その方の肩越しには、部屋の奥でうずくまる少年が見えていた。彼はもう1時間以上も電車の絵を描き続けていた。あの子は電車の美しさを僕より知っているのだろう。それに比べて、自分は何を美しいと感じて生きているのだろう。そう僕は思った。

もちろん、マイノリティ支援は「みんなちがって、みんないい」という美談で片付けられる生易しいものではない。支援は資金なしにはできないから、全ての弱者と呼ばれる人たちが笑って生きられる社会の実現は、今も昔も茨の道である。

けれど、一心不乱に電車の絵を描く少年にも、親方をまっとうするママにも、多分カードの利用額を見せつけるイケオジにも、それを見せられてタクシーに乗る僕にも、社長にも課長にも、シェフにもシュフにも、それぞれに大切にしたいものがあって、その美学に上下などないということは、人間に上下がないことの証明だと、忘れずに生きたいと思う。

タクシーの運転手さんが少しだけ窓をあけた。夜風のここちよさを感じてほしいという気配りなのか、僕が酒臭くて空気を入れ替えたいだけなのかはわからないけれど、そこにも彼の美学があるのだと、僕は思う。

やさしいつくりもの

20歳になってすぐの頃、自分以外のゲイに初めて会った。とある団体が主催するゲイの学生交流会なるものに参加したのだ。ホームページにはポップな書体で「初心者向けイベント☆」と書かれていて、初心者ってなんやねんと思いながら、自分はきっとそれに当たるのだろうと、そのやさしげな「☆」にかけることにした。籠城戦で小さな一室に追い詰められた戦士が、手榴弾のピンを抜く時の覚悟はきっとこんなだろうと思った。僕は震えながら、ギリギリの心で予約ボタンを押した。

会場はデカくて四角い無機質な公民館の中にある、デカくて四角い無機質な一室だった。薄いパーテーションのような壁で仕切られたその空間は、自分みたいな挙動不審の若者でごった返していて、みんなが静かに、しかし我先にと、壁際を陣取りあっていた。そんな中、顔をあげている勇気さえなかった僕は、会場の真ん中で携帯をいじりながら開演を待った。視界の隅に見える人々は、当たり前だけれど、みんなが違う姿形をしていた。大きい人、小さい人、スポーツ系の人、ビジュアル系の人。僕たちはそれぞれの場所で、それぞれに生き抜いてきたけれど、こうしてあえなく見つかり、とうとうこの一室に押し込まれたのだ、という気持ちになった。

定刻になり、グレーの大きな消しゴムみたいな壇上に、司会者の男性二人が現れた。片方はいわゆる〝オネエ〟的なふるまいで、何が面白いのかハイテンションで話し、もう一方のメガネをかけた男性は、マイクを通しているとは思えないほど小さな声で中途半端な合いの手を入れて、ニヤニヤとしていた。

「あ、ごめんなさい！　関係ない話から始めちゃった☆みんなこんにちは〜☆」

「はい、こんにちはぁ☆」

あの「☆」はこの感じのことだったのかと思うと、「多分間違えたっぽいな」と思った。

その後もオチの見えない与太話が長々と続き、爆発しそうな鼓動を抱えながらそれを聞いていると頭が錯乱して、自分がどこに何をしに来たのかわからなくなった。どこからか水流の音がザーッと聞こえてきて、足元に水たまりができ始めるのを僕は見た。彼らは「そろそろですかねー」などと言って急に話を終え、来場者に4列で並ぶよう指示した。水は膝上まできている。誰とも目を合わさない若者たちが、もぐらのように会場をうごめきながらなんとか整列すると、今度は2列ごとに隣の人と向き合うよう言われた。向き合う……？　体にキーンと緊張が走って、おそるおそる見た左隣には、自分より少し歳下に見える細身の少年が立っていた。少年の二重瞼がはらりと上がって一瞬目が合い、感電したみたいに体がこわばった。水位は胸元を超えた。

「はいはいはーい！　今から隣の人と1分間握手をして見つめあいながら、お互いの素敵なところを褒めあいましょう☆」よく喋る方が言った。「1分経ったらストップ☆と言うので、内側の列が一つ隣に移動してね！　合計10人やりまーす☆」。何を言っているのか理解できなかった。メガネの方はうんうんと頷いたあと、ガッツポーズをして「スタート☆」と言った。

水はいよいよ顔まできていて、とうとう足がつかなくなった。「溺れてしまう」そう思ってからは記憶がなく、気づいた時には自室のベッドに打ち上げられていた。ベッドの上で「どこが初心者向けやねん」とだけは思った。

★

僕が「やる気あり美」という変なチームをつくったのは、それから5年以上あとのことだ。姉に友人だと紹介されたゲイ。クラブで友人の横にいたゲイ。大学の隣のゼミにいたゲイ。なぜか気があった会社の同期。そんな寄せ集めみたいな人たちと、僕はそれを始めた。

　我々の共通点は、どこに行ってもいまいち馴染めない、ということだった。イベントに行けば溺れかけ、新宿二丁目に行けば沈みかけた。二丁目のことはあの頃も今も変わらず好きだけれど、ディズニーにも「好き」と「ガチ勢」の間に溝があるように、それはあの街にもある。当時の僕らは二丁目で散々笑い、家に帰ればどっと押し寄せる疲労感に飲まれていた。「年に一回でいいかも……」そうつぶやいては気を取り直して会社に行く。そこでは「彼女はいるのか」だの「遊んでいるのか」だのと聞かれ、「そこそこですね……」みたいなぬるい返事をしていると、「真面目だね」と言われたりした。僕はそうして、大人が「真面目だね」と言う時のだいたいは、「つまらない」と言いたいのだと知った。

　今振り返ってみると、僕はとにかくそれが癪にさわったのだと思う。自分のことをそこまで面白いとは思わないけれど、「真面目だね」と言ったお前らよりは、絶対に面白いからな！！！！　という一心で、僕らはアニメをつくったり、記事を書いたりするようになった。

　そうして自分たちの創作物をちらほらと見てもらえるようになった頃、僕はあの「☆」のお二人と再会した。LGBTQ関連の真面目なイベントで彼らと鉢合わせ、名刺交換をする流れになったのだ。あのよく喋る方が僕の名刺を見つめながら嬉しいなぁとつぶやいて、「やる気あり美、とっても応援しています」と言ってくれた。その語尾には「☆」がなく、代わりにとても温かい笑顔が添えられていた。僕はお礼を伝え、「初めて参加したイベントがお二人のイベントだったんです」と言った。お二人は「そうなんですか」と顔を見合わせて嬉しそうに笑い、「ありがとうございます」「光栄です」と言ってお辞儀をしてくれた。僕はそんなそんなとそれを遮り、自分もお辞儀をした。

「イベントの時、お二人がもっとハイテンションだったので、イメージが違って驚きました」。そう言うと、静かな方が顔を上げて「頑張ってるんです！」と笑った。そうやわな、あなたの声、小さかったし。そう思って笑いそうになったけれど、そりゃそうだ、頑張ってくれてたんだ。と思うと、変に胸が熱くなって危なかった。あの「☆」は、やさしいやさしいつくりものだったのだ。

笑い話として聞いてほしいんですけど、と付け足し、自分はまともに握手リレーができなかったということを伝えると、彼らはあれが人気コンテンツだったんです、と教えてくれ、すみませんと謝らせてしまった。僕はそれを知って、ただ自分は合わなかっただけだよな、と思った。

お二人は別の仕事をしながら、今もあのイベントを続けているらしい。寄付を集めるのが大事な仕事だからと、この場にも来たとのことだった。彼らのイベントには、一体これまで何人の若者が参加したのだろう。僕も今思えば、あの日同じ悩みを抱える同年代に出会えたことが、その後の心の支えになった。

あの頃はわからなかった彼らのかっこよさが、今ならわかる。何かをかっこ悪いと思う時や、面白くないと思う時は、そこにあるかっこよさや面白さが見える位置に、自分が立っていないだけだ。帰り道で「やる気あり美」のメンバーから、「イベントどうだった？」とＬＩＮＥがきたので「楽しかったよ〜☆」と返した。しばらくすると「☆キモ」とだけ送られてきたので、こいつはまだ「☆」のかっこよさを知らへんねんな、と優越感に浸りながら、彼らが待つ新宿二丁目に向かった。

笑ってのぼる、その悲しみについて

ある仕事で初めて脚本を書いた。クライアントに呼ばれて行った大きなオフィスビルの一室。興奮しているのを悟られないようにテーブルの下で拳を握りしめながら、オファーの詳細を聞いた。僕は「会話」というものがするのも聞くのもめっぽう好きで、それを花束をつくるみたいに束ねていく脚本というものに、ずっと憧れがあった。

だから、まるで子どもが初めてゲームを買ってもらった時のように、何日も執筆に没頭した。設定は「異性愛者と同性愛者の人口比率が逆転した世界」というもので、つまりは、異性愛者がセクシャルマイノリティとして描かれる世界を描いた。この設定は、これまでも海外の作品などで採用されたことのある凡庸なものだったけれど、当時の自分としては、納得のいくものが書けた。

書いたのはこんな話だった。

主人公の男は、ある見晴らしのいい公園に、よく彼女と通っていた。そこは長くて急な坂の上にあり、人があまりやって来ない。だからその公園は、二人が二人らしくいられる数少ない場所だった。きつい坂も二人は笑顔で上った。「いい運動になるね！」いつもそう言い聞かせては、笑いあった。

だがある時、その公園が「恋人たちの聖地」としてテレビで取り上げられた。それからというもの、たくさんのゲイカップルや子連れのレズビアンカップルがそこを訪れるようになった。異性愛者を受け入れる風潮が世界的に強くなり10年ほどが経つが、二人はいまだ、自分たちが手をつないで歩く姿を〝ふつうのカップル〟に見られるのが苦手だった。そして、なぜ苦手なのかはうまく言葉にできなかった。だから二人は、うまく言葉を交わせないまま、「ここも人気になったね」「子ども、かわいいね」の二言だけを残して、その公園に通うことをやめたのだった――。

★

このあとも、セクシャルマイノリティの日常を淡々と描いていった。僕がこの物語で描きたかったのは、「困りごと」の静けさだった。けれど、プロデューサーは、それが理解できない、と言うのだった。


「太田さんが気に入っているシーンはどこなんですか？」

「えーと、ここなんかどうですかね。主人公が尊敬する先輩に『お前、恋愛に興味ないもんな』と言われるシーン」

「いや、そんなの別に気にしなきゃいいと思うんだよなー」

「気にしなきゃいいですかね」

「うん。もっと〝困りごと〟をクリアにしましょうよ。」


自分のこれまでを振り返ると、LGBTQの「困りごと」を知りたがる人たちは、「悲劇」を求めてきたように思う。それはたとえば、セクシャルマイノリティはいじめに遭う確率が高いとデータによって証明されているということや、差別によって希望の職につけない当事者がいるということだ。

だが、「困りごと」というのは、長い坂のようだと僕は思う。その前に立つと、誰もが迂回できる道を探す。あるいは、誰かや何かに背中を押してほしいと願う。だが、そのどちらも選べない時、人は「笑って上る」しか選択できない。苦しさに飲み込まれぬように笑って、「いい運動になる」と意味を見いだしながら一歩ずつ前に進むしかない。セクシャルマイノリティとして生きるということは、この「笑って上る」ことの連続だと僕は思う。万一、出世に響いては嫌だからと敬愛する上司にセクシャリティを隠し続ける時、婚姻制度を利用できないからと一人部屋で公正証書について調べる時、親友にお願いされてついていった合コンで「タイプは有村架純です」と言う時、僕は笑っていた。

短くて急な坂、ゆるやかで長い坂。自分が望んだわけではない様々な坂をこれまでいくつ上っただろうか。プロデューサーは「誰だってそうですよ」と言うのだろうか。いつか坂の前で「もういいや」とつぶやいて、人生から降りてしまうのではないか、と不安になる日がある。プロデューサーは「それも誰だってそうですよ」と言うのだろうか。

同性婚の法制化によって少子化が助長されるというデータはどこの国にもない。LGBTQの権利拡大が円安を加速化することも当然ない。同性婚の法制化にはお金もかからないし、時間もかからない。ただ、「笑っているのも疲れたな」と立ち尽くしてしまう人を必ず減らしてくれる。それだけでつながっていく命があると、知ってほしいと僕は願う。

よろしうやりや

地元が好きだった。地元は絵に描いたような大阪の下町で、そこには活気ある商店街を中心として、魚屋や豆腐屋、ゲームセンターや風俗店など何もかもがあった。老若男女すべての人が町を練り歩くようにして生きていて、毎日誰かとバッタリ会っては立ち話をする生活は、幼子にとってとても刺激的だった。

スイミングスクールの帰りには、いつも友達と肉屋に寄り、60円のコロッケを買った。肉屋のおっちゃんは必ず「最近はどないや」と聞いてくるから最初のうちは緊張していたけれど、何を言ったところでおっちゃんは仕事をしながら適当に聞き流すだけだったから、僕らはゲームを買ってもらったとか、○○先生が嫌いやねん、とかそういう話を好き放題話すのだった。おっちゃんは「へー」と言ったあとに、最後は決まって「よろしうやりや〜」と笑顔で言い、それがなんとなく嬉しかった。

地元から引っ越すことになったのは、小六にあがる前の春休みだった。初めて降り立った新しい町には、地元にあったすべてがなかった。あるのは画一的なアパートが立ち並ぶエリアと、戸建て住宅が立ち並ぶエリアの区分だけで、皆が蟻塚みたいな巨大スーパーに吸い込まれては帰路につく生活を送っていた。僕は、子どもたちは一体どこに集まっているのだろうと、町をひとり歩き回ってみたけれど、公園にも池のほとりにも、いるのは数人の子どもや老人だけで、彼らは誰も僕を気に留めなかった。まるで体が透明になったみたいだ、と思った。あたたかく膨らんだ春の風が内臓に直接ぶつかって、全身の毛が静かに逆立つような、不穏な春だった。

転入した新しい学校には「中心」があった。それは前の学校にはなかった。前の学校にも容姿端麗で異性に人気な子はいたし、風みたいに足の速い子もいたけれど、その子たちもさしずめ、〝みんな〟のうちの一人だった。けれど新しい学校では、そういう子たちが「中心」で、彼らは子どもじみた話題を嫌い、実際大人びて見えた。

そしてその「中心」では、肩パンが流行っていた。どちらかがギブアップするまで肩に強烈なパンチをお見舞いするという男子たちの戯れで、僕はそれがたまらなく嫌だった。なんとか「太田はそういうのじゃない」というポジションを獲得しようと頭をひねり、僕は「中心」のそのまた中心にいた茶髪の少年に近づくことにした。揚げパンのおかわりで彼の前に並ぶ時、理科室への移動で一緒に階段を上る時、「おい」と声をかけられた短い時間で、僕は彼を笑わせようとした。決して動じたそぶりを見せてはいけなかった。そして繰り出す一言も大げさであってはならなかった。無理をしているようなそぶりを見せては、認めてはもらえない。僕は腹の底の緊張を毛布でくるむようにして、さりげないボケを重ねていった。

決勝打となったのは、コッペパンの日だった。「ジャムおじさんに似ている」という粗雑なイジリによって「ジャム」というあだ名をつけられていた僕は、ならばOK、わかりましたと、給食でジャムが出る日を把握していた。そして、その日はジャムが出ない日だった。「なんで今日ジャムないねん！」そう叫ぶ彼の前に、僕はいちごジャムの小瓶を置いた。その日から僕は、「あいつはおもろい」になったのだった。肩パンの回避に成功し、クラスの村人Aになった僕は、周りがよく見えるようになった。ある時、授業中に立ち上がってクラスへの文句を叫んだ男子は「あいつはこわい」になり、テストで1番を取り続けた女子は「あいつはかしこい」になった。そして、いく人かの子たちは、ただ自分らしくあろうとした結果、教室という円の際に立たされるような毎日を送っていた。何度も何度も足元の線をまたぐか逡巡し、やっとの思いで不登校を選ぶ子もいたし、ずっとただ線を見つめているだけの子もいた。そうやって「中心」はかならず周縁をつくり、周縁に立たされた人々の個性を一瞥もせずに奪っていくのだと知った。

あの頃を思い出したのは、あるネット記事がきっかけだった。その記事の中では、ゲイの当事者らがこんなことを語っていた。「自分はこれまでずっと楽しく生きてきた」「LGBTQのアクティビストたちの話は暗く、つらい話ばかりで、あれがLGBTQのリアルだと思われたくない」「彼らは代表や代弁者ではない」。アクティビストが「中心」ではない。彼らはそう言いたいようだった。

アクティビストとは、国家や司法という「中心」に対し、社会制度の改正や人権を訴えるべく立ち向かう人たちのことである。そういった意味で、アクティビストはある種の周縁の象徴であるわけだが、そんな人たちもメディアから注目を受けることによって、「中心」のように見られてしまうのは、仕方のないことかもしれない（メディアに出てLGBTQのリアルを語ることはアクティビズム以外の何物でもないのだから、そういう意味ではネット記事の彼らの行いもアクティビズムであり、落語みたいな話だなとも思った）。

ただ、彼らの主張には「中心」が持つ引力に対する警戒心や恐れがにじんでいて、そのことが何より印象に残った。「中心」に対して、こんな自分たちもいるのだとカウンター的に存在証明することは、決して自分のためだけではなく、同じように周縁に立つ誰かのためでもあるのだから、ならば僕の気持ちは、彼らと同じなのかもしれないと思った。

★

いま社会は、「中心」に目配せをしなくても、ちりぢりに生きていける方向に向かっている。通信教育は充実し、子どもたちの学び方は多様化している。デバイスがあれば働く場所を選ばない、という人も増えた。月9を見ていないと会話についていけないなんてことはなく、皆がそれぞれに好きなことをし、好きな人とつながれる時代になった。中心も周縁も意識せずに生きていける時代は、もう目の前まで来ている。だがいつの時代も、「中心」と闘わなくては変えられない事柄があり、LGBTQのあれこれは法制度を扱う以上、それに当てはまる。だからまあ、ネット記事の彼らには「ちょっとちょっと〜！」と言いたいというか、「アクティビスト批判はやめてくださいよ〜！」と笑って言わせてほしい。

誰かに反論する時は、言い方を大切にしたいというよりも、その人の奥にある思いを無視しないようにしようと、いつも考えている。無茶なことを言うやつに対していつも言葉を選ぶ必要はないし、人間であれば棘のあるやり取りをしてしまう時は誰しもある。相手の主張次第では、徹底的に批判するべき局面だってある。ただ、相手の奥にある思いを理解しようとして、うまく理解できたと思えた時は気持ちが楽になるし、その方が建設的になることも多い。だからもし彼らにどこかで会ったなら、笑って話したいと僕は思う。それでも話が平行線になるのなら、「よろしうやりや〜」とでも言って別れたい。きっと彼らの記事に救われた人もいるのだろうから、彼らには彼らなりに頑張ってほしいと思う。

これがジャムこと太田なりの、闘い方なのである。

傘がある

梅雨のある日。テレビでコメンテーターが「継続して密は避けましょう」と話すのをぼんやりと見ていた。梅雨はもうすぐ終わるけれど、終わったところでコロナウイルスがあるのなら終わっていないようなものだ。ならば自転車でも買って、ウイルスを置き去りにできるスピードで街を走りまわってやろうか。難なく隣町まで行けるスピードが欲しいけれど、ロードバイクほど気合いの入っていないヤツがいいな。そう思って探し始めたら、ミニベロロードバイクというのがいいらしいと知った。ミニベロは、端的に言うとタイヤが小さな自転車のことで、大きなロードバイクみたいなスピードも出すには出せるけれど、それればかりしているとクランクやチェーンに過負荷がかかる、というものらしい。急ぐのはほどほどにして、ゆっくりするのがいいですよ、という思想の自転車だ、多分。

ネットでいろいろ見ていると、FUJIというブランドが良さそうだった。ただ、良さそうというのはインスタに上がっている写真がかっこよかったというだけの話で、なんなら自転車というよりモデルのお兄さんがかっこよかっただけな気もするから、つくづく自分は底の浅い人間だなと思った。

いくつかのサイクルショップに問い合わせてみると、ＦＵＪＩのバイクは隣町のお店に置いてあるとわかった。その日は休みだったから早速買いに行こうとソファーから立ち上がり、ドタバタとベランダに出ては空模様を確かめた。雨はやんでいたけれど雲行きが怪しかったので、僕は傘を持って家を出ることにした。

目当ての店までは30分もかからなかった。ピカピカの自転車が所狭しにならぶ店内で、ＦＵＪＩのミニベロは入口自動ドアの左隣に置いてあった。かっこいいじゃないか。Instagramで見るよりもいいな、どうやって持って帰ろうか。そんなことを考えながら眺めていると、側に立っていた店員さんから、納車までは1か月ほどかかるんですよ、と話しかけられた。僕が思わず「え、何するんですか?」と口に出してしまうと、店の奥から体格のいい店長らしき男性が出てきた。彼は目尻も口元もすべてが垂れ下がった仏頂面で、かすかに開いた唇から細いため息をはき、「これからネジのゆるさを確認したりと、各所のメンテナンスが必要なんですよ。今は注文も立て込んでいて……」と気怠るそうに言った。けれど彼の肩越しにはダラダラと暇そうに談笑するほかの店員たちの姿が見えていて、僕はなんとなく気まずかったので、レジ前に置かれたブルーのコイントレーのトゲトゲを見ながら「なるほど、そうなんですね!」と返した。

その後は祝詞のような保険の説明を受け、事前の補償金とやらを支払い、ニコニコと店を出た。雨はさっきまで降っていなかったけれど、ポツポツと降り始めている。まあ、1か月なんてすぐに経つのだし、急いでもいないからミニベロを選んだわけだしいいじゃないか。そう思える自分が誇らしくて、僕は意気揚々と傘を開いた。「余裕をもって行動しなさい」という言葉は、小さい頃からあらゆる大人に言われてきたけれど、それが人並みにできるようになったのはこの数年のことだ。歯医者は歯が痛くなってからしか行ったことがなかったし、確定申告も、期日直前になってから取り掛かっていた。10代の頃は夏休みが始まったらすぐに宿題をやってしまう、なんてことがまるでなかったし、朝、教室に入るのも最後から数えて一番目か二番目に遅かった。

僕と並んで遅刻間際に登校していたのはKという女子だった。先生からは「最もだらしのない二人」と思われていたはずだろう。僕らは、中学2年で同じクラスになってから高校を卒業するまで、飯を食うのも遊びに出かけるのも、ずっと一緒だった。Kはスラッと背が高くて誰とでも仲良くでき、底抜けに明るいのにどこか影がある人だった。足が速いのに作文もうまく、そんな彼女のとらえようのない魅力に、みんなが憧れていた。Kにできた初めての恋人は、僕の初恋の人だった。僕はずっと、彼女になりたかった。

そんな彼女がある時期からあまり笑わなくなったことに、僕は気づいた。日課だった電話も日に日に数が減っていき、僕はその原因が彼との関係にあるのだろうと思った。それからはある時は教室で、ある時は電話口で、「もっと仲良くしなきゃダメだ」とか「彼はきっとこう感じているはずだ」と、しきりに彼女をまくしたてるようになった。それでもKは煮え切らない返事を続けるばかりで、僕はとうとうある日声を荒らげた。彼女には意味がわからなかったはずだけれど、二人との幸せな話を聞くことが、僕の唯一の心の支えだった。それだけは失くしたくないと、切実に思っていた。僕の放った声がゆっくりと霧散して長い沈黙が続いた後、Kは消え入るような声である話を始めた。それはまったく想像もしていない話だった。滔々と語る彼女の声は次第に涙で溺れていき、僕はただそこで立ち尽くした。そして自分の愚かさを、心から呪った。

大人になってからKと二人で飲みに行った時、Kからふいに「太田は、なんでゲイやって言ってくれへんかったん？」と聞かれた。嘘をつかれて何も言えずにいる僕の前でKはカクテルを飲み干し、「それにしても、よう遅刻したよな〜！」と笑った。「ウチらには、どうしたらいいかを考える余裕もなかったよな」彼女はそう言って、慈しむような目で壁にかかったランプを見ていた。出ようかと彼女が言い、僕は「うん」とだけ返事をして席をたった。

外に出ると、雨が降り始めていた。傘を持っていたのはKだけで、僕がタクシーで帰ると言うと、乗り場まで送ると彼女は言った。僕らは一つの傘の下で身を寄せ合い、そこからの5分ほどの空白を、学生時代の思い出話で埋めていった。「ありがとう」と言いたかったけれど、一体何に対して言えばいいのかが僕らにはわからなかったから、何度も、何度も声をだして笑い、そうやってお互いへの感謝を示そうとした。

タクシーが来て乗り込む時、Kが閉まる扉を手でサッと制して、持っていた傘をおもむろに下げた。そして、ポツリポツリとシャツにシミを作りながら丁寧に傘をたたみ、彼女はそれを僕に差し出した。家の前まで行くから大丈夫だと伝えてもKは譲らず、持って帰るように言った。「大丈夫やから。大丈夫やから」そう言って彼女はゆっくりと扉を閉め、僕はもらった傘を、花束みたいに大切に抱えて帰った。


談笑する店員たちも、きっと余裕がないだけなのだろう、と思う。もしかするとこの世には、余裕のない人がたくさんいるだけで、だらしのない人なんていないのかもしれない。性善説とか性悪説とか、本当にどっちでもいいけれど、余裕のない心から善意をひねり出すことはとても難しいのだ。梅雨の湿気のせいなのか何なのか、マスクの下の息が熱かった。傘に当たる雨音が、ポツポツと心地よくて、Kに会いたいと思った。

また（気が）合う日まで

長い付き合いの友人と疎遠になった。最後は大きな喧嘩とかそういう派手なものが起きたわけではなく、ただの穏便なＬＩＮＥのやり取りで終わった。コロナというのが来るらしいから、その前に大学時代のみんなで集まろうかという話になった時、「やめとくわ」みたいな返事が来て「了解」と返し、これが終わりなのだとわかった。

綱が左右から強引に引っ張られ続けた様を、僕は思い起こした。その綱はかつて、僕らの命綱だった。両端をそれぞれが握りしめ、どちらかがうずくまる時は、どちらかが引っ張るようにしてこれまで前に進んできた。だけど僕らの間にやさしく横たわっていたはずのそれは、いつからか二人の緊張感へと変わり、ピンと張りつめ、少しずつ千切れていった。

友達というのは「境遇が合うか、価値観が合うか、志が合うか、気が合うか」で決まるものだろう。かつての僕らはそのすべてが重なっていたけれど、いつの間にか二人を取り囲む環境はまったく異なるものになり、相手の価値観に首をかしげることが増え、志はすっかり違う方向を向いて、とうとう気も合わなくなったのだと思う。

僕らは大学時代、運動部の万年補欠で、ムードメーカーだった。誰よりも観客席で声を枯らし、同じ役割をこなして同じ家で暮らした。あいつは誰よりも仲間思いで、どうすればベンチに入れない自分が仲間たちを支えられるか、考え抜いている人だった。けれどいつからか、あいつと「仲間」との距離は離れていった。


最後にした喧嘩は、昨年の旅行だった。旅館で川の字になって寝る前、気ままに始まった近況報告の中で、僕はあいつの同期に対するふるまいを責めた。昔はあんなことを言わなかったのに、どうして言ったのか。そう聞いた僕に、あいつは苦笑いをして「そんなこと言われても困るけど」とだけ言った。僕はハハハと乾いた笑いを返し、そのまま眠りについた。笑いが絶えない二人だったけど、それは苦笑いになった。

まだあいつにゲイだと言っていなかった頃、二人で映画『ブロークバック・マウンテン』を観たことがある。夏の真夜中の暗い部屋で、無造作に敷かれた布団に並んで座り、僕らはそれを泣きながら観た。エンドロールが流れ始めた時、汗と涙でドロドロになった僕らは布団に倒れ込み、しばらく泣き続けた。僕の涙は鬱屈した一人のゲイの少年としてのものだったけれど、あいつの涙は一体何だったのだろう。あの涙をたどった先の悲しみに自分は何かできたのか。それはわからないけれど、こいつなら僕の痛みをわかってくれるのだ、あの時そう思った。それだけで僕は生きていける。そう真面目に思った。

歳を取り、強固に育った価値観が、僕らの柔軟性を奪っていったのだろうか。人は自ら生み出した価値観に自ら呪われて、メリット・デメリットにうるさい生物になっていく。「それってメリットあるの?」そんなことばかり腹の底で考えるのを、僕はやめられなくなった。コラムニストのジェーン・スーさんが「いつかそのまま、店内の空調一つにもうるさい女になる」と言っていてギョッとしたけど、僕らはそんな未来に向かってまっすぐ歩いているのかもしれない。

「阿吽の呼吸」の二人だったけれど、それは二人の絆の証明ではなく、すれ違いの始まりを意味していたのだ。人は変わっていくのだから、わかった気になってはいけなかった。もっとあいつの本心を聞いておけばよかった。本当は嫌じゃない? 見えないところで泣いていない? そんなことを恥ずかしがらずに聞けばよかった。

だけど先日、知り合いのかっこいいじいさんに「最後は、気が合うかどうかだよ」と言われた。価値観はそんな簡単に重なるものじゃないからと。互いの事情は互いにすっかり受け入れた日がくるからと。だからもっと簡単でいいんだよと、そう言っていた。じいさんは、いつも友達とK-POPばかりを聴いている。だから僕らもまたいつか映画を観て、次の日のことも気にせず、だらしなく深夜に泣ける日がくればいいだけなのかもしれない。「気が合う」というのは「同じ映画を観て泣く」、きっとその程度のことだ。だからその日が来るまで、なんの意味があるのかも定かではないこの毎日を、お互いが乗り越えられたならいい。そしてスロットの目が揃うのをじっと待つみたいに、二人が泣ける映画を見つければいい。

愛にも難易度がある

家の近くに有名な炭焼きの店がある。小さくて古い日本家屋の1階がお店になっていて、2階にはお店を切り盛りするご家族が暮らしている。年季の入った外観から僕は秘伝のタレをイメージしていて、ここは鰻の店なのだろうと長らく思い込んでいた。だから実際は新鮮なお肉がウリの炭焼き店だと知った時は勝手に驚いた。このお店の馬刺しは肉厚で、ピンと角張ってピカピカとしている。初めて見た時はまるで新築物件みたいだなと思った。古めかしい店内で見るそれは、なおのこと立派に見えた。

先日はそのお店でステーキを食べた。これまた看板メニューで、とてつもなくうまい。手際よく焼かれたステーキが大皿にズルりと載り、僕らがそれに手を伸ばそうとした時、大将が「あ」と変な声を出した。「……バター、載せる?」。いいんですか!? 僕らも思わず変な声が出てしまう。大将は銀紙につつまれた大きなバターを冷蔵庫から取り出し、数センチをゴトッと包丁で切り出した。そしてそのバター片をトングでつかみ、贅沢にボトりとステーキの上に載せる……と思ったその瞬間、また何かを思いついた顔をして、そのまま上半身を網のほうにひねった。大将はバターを網の上にかざしている。「ちょっとあぶっとくね」。バターはゆっくりと溶けて、みるみる色っぽくなっていった。僕はおかしな体勢のままじっとバターを見つめる大将の姿を見ながら、「これは愛だな」と思った。

愛とはなにかというのは難しくて、多分みんなよくわからないまま死ぬからこそ、長く生きた人以外が語っても、中身がないような気がしている。だけど自分たちのためにていねいに溶かされるバターを見ている時、愛とは受け手を幸せにしてこそだ、それだけは確かだ、と思った。DVやパワハラの動機を「愛しているから」と言う人がいるが、それは違う。

そういう人には、このバターを見習ってほしい。

★

僕は子どもを持つ未来について、よく考えたりする。それは一緒に暮らしたいと思う女性がいるからで、彼女は性的なことにいまひとつピンとこない、という人だ。恋人というより家族が欲しいのだと言う。それならいつか、僕と僕の恋人と3人で家族ってことになればいいよね、という話を僕は彼女にしたのだった。その時は大いに盛り上がった。

けれど正直なことを言うと、不確実なことに希望を持たせてしまったなと、後になって反省していた。彼女が出産をすることを考えると年齢的なリミットもある。3人で暮らすとなると、誰に、どこに、何を報告すればいいのかもよくわからない。それに僕には父親になる自信がまだない。

だから、先日彼女と旅行に行った時には、「あの話だけど、どうなるのかわからないよね」と僕は何度も口にした。「3人で気が合うって難しいかもしれないし、法的にもいろんなハードルがありそうだしさ」。我ながらあまりの格好悪さに、穴があったら入りたかった。

けれど彼女は、温泉街の光をめいっぱい目に吸い込ませながら、楽しそうに「そうそう、どうなるかわからんよな〜！」と言うのだった。

「そんなことがほんまに叶うかは、私な、どっちでもええねん。ただ私はな、子どもができるかもしれへんっていう希望を持てたことがな、幸せやねん。子どもを持つかもしれへんなら、健康的なもの食べとこうかなとか、運動もしとこうかなとか、そういうことを考えるようになってな。なんと調子もよくなってんねん！　すごいことやんな。尚樹に感謝やな〜！　って、そう思うわ」。

僕はこの時も「愛だな」と思った。愛というのは、大将や彼女のようにただ仕事や人に対して誠実であれば、そこにあるものなのかもしれない。彼女ほどのそれを、僕はまだ真似られそうにないので、まずは大将を見習って、バターをやたらと載せられる男になろうと思う、バターは多いほどうまいし。愛にも難易度があるのだ。

バック・トゥ・ザ・鶴瓶

「つるべ」と言われ始めたのは小学3年生の頃だった。同級生に、僕のことを目の敵にするHという男子がいて、そいつが休み時間に廊下の向こうから、両手で顔を押しつぶす典型的な小学生のおふざけをしながら僕に言い放ったのが最初だった。

「お前の顔、つるべやん！」

僕は「やめろや！」と言うのも負けた気がして、言いたくないと思った。というか、そもそも意味がわからなかった。「つるべ」とやらに似ているってよくないことなのだろうか、「つるべ」を知らないから「似てへんし！」と返す自信もなかった僕は、数少ない悪口の引き出しとHの特徴を照らし合わせて、「チービ！」と返した。するとHはイラついた顔をして「ブース！」と言った。なるほど、そういうことかと思った。

それから二人の泥仕合は1年以上続くことになる。ようやく収まったのは5年生になる頃で、その頃には「ブス」と「チビ」というラベルは、お互いのコンプレックスへとしっかり成長していた。僕らの間には「おれも言わないから、お前も言うなよ」という無言の停戦協定のようなものが交わされ、無視をしあっているうちに、互いが互いの関心から消えていった。

Hがその後どうしたのかは転校したので知らないが（健闘を祈るが）、僕の「ブス」という呪いが昇華されたのは、中学生になってからだった。10代に突入すると、急に恋愛バラエティショーのセットに座らされたような毎日になる。「モテ枠」の人たちは雛壇の一段目に座り、彼らに憧れる人たちは二段目に座る。そして「ブス」と呼ばれた人たちは、あたかも当然であるかのように三段目に案内される。そこに座ってお笑い担当をやるか、もっと別の舞台を目指すかは個人の判断に委ねられる。そして僕はそこに座ることを選び、大きな声でフロアを囃し立ててきた。一段目に劣等感をたぎらせながら、彼らの恋愛話にひねくれた茶々を入れてはみんなを笑わせたり、安心させたりするその席は、全然悪くないどころか、僕にはかっこよく思えた。三段目には文化があり、同志との連帯があった。映画『モテキ』が流行った時には、主人公の気持ちが「わかる側」として楽しめたことに誇りを感じたし、人気者たちに一泡吹かせてやったような気にもなった。僕にとって「非モテ」は矜持ある席だった。

ただ、もちろん恋愛はしたかったわけで、だから自分以外のゲイの人にも会うようになった。この数年はジムにも通うようになり、仕事もそこそこ頑張ってきたし、いろんな人との関わりの中で、かっこよさって、いったいなんなのか、なんてことも真面目に考えるようになった。それらすべてが自分にとっては「非モテ」らしい愚直な努力だったけれど、僕と恋愛との距離は、そうして少しずつ近づいていった。

飲み会で「モテるでしょ～？」と言われたのは、そんな頃だった。僕はいつもどおり三段目からツッコミを入れる要領で「そんなわけあるか！」と返したけれど、いまいちウケることはなかった。僕はこれまでと同じ席には座っていられないのかもしれない。そう思うとなぜか切なかった。かつてはここしかないと、舌打ちしながら腰掛けたその席も、立派な居場所になっていたのだ。

その日の帰り道で南海キャンディーズの山ちゃんのことを思い出した。山ちゃんは妬み嫉みを源にして笑いをとってきた人だけど、そんな彼も今や妬まれる対象になった。山ちゃんは蒼井さんと結婚する時、結婚してもいいのかずっと悩んできたと、涙ながらにラジオで語っていたけれど、なるほど、望んでいたものに手が届くということは、不幸が幸に反転するような単純な話ではないのかもしれない、と思った。多くの幸と不幸は、背中合わせに存在している。新たな席につくことは、これまでの希望や幸福を手放すことでもあるのだ。

僕は今も別段モテはしないけれど、かといって「非モテ」に座っていても滑り続けるのかもしれないし、それはもしかしたら僕が変わったというより、社会が変わっただけなのかもしれない。しかしいずれにせよ、新たな居場所を探すほうがいいのだろうと、夜道でひとり思った。次は「モテ」とか「非モテ」とかそんな線上には立っていなくてかっこいい、笑かすのが上手な人になりたい。ちょうど鶴瓶師匠のような人に。

おたのしみ権（利）

顔がいい人間と実家が〝太い〟人間の「不幸」は、よくバカにされる。当人がどんな痛みや苦しみを抱えていようとも、それらは「顔」と「金」という絶対的安全圏を持った人間のセンチメンタリズムや贅沢の類だとして、取り合ってもらえない。

小学生の頃、A君と僕は仲がよかった。A君は町で見知らぬおばちゃんから「まあ」と声をかけられるほど端正な顔立ちをしていて、僕の父は実業家だった。小さな下町では事業の規模や詳細は関係がなく、ただ「社長」という言葉のみが目立っていて、僕は同級生から「社長の子」として見られていた。

僕らは所属するグループが違って、学校で話すことはほとんどなかったけれど、よく隣町まで一緒に自転車で出かけては、日が暮れるまで河川敷ですごした。A君が器用に雑草を編むのを真似したり、ただ二人で淡々と、向こう岸の知らない町に向かって水切り石を投げたりした。それは初めて経験する「二人だけの秘密」だった（書きながら気づいたが、あれが初恋だった気がしないでもない）。

年に一度の商店街で開催される大きなお祭りには、必ず一緒に出かけた。そのお祭りで使う「おたのしみ券」は、商店街で買い物をした分だけ配布される、という夢のないもので、頻繁に行われる取引先との宴会の準備が必要だった我が家には、束になったそれがあった。

お祭り当日は、町中の子どもたちが、親からもらったおたのしみ券を握りしめて集まった。その年は、A君とほかの友達もあわせて5人で回ることになっていて、ならば、おたのしみ券はみんなで分けようと僕は決めていた。こんな特別な日まで「ズルい」という視線を浴びたくなかった。玄関で支度をしながら、下駄箱の上でひっそりと佇むおたのしみ券の束を見ていると、それは何かの死骸みたいに見えた。

★

ここ2年くらい仕事が変わった影響で運動不足になり、とうとうヘルニアになった。症状は幸いにも軽く、「ストレッチをしながら治していきましょう」と病院で言われたので、家の近くの整体院に通ってみたら、それが当たりだった。とにかく腰痛が軽くなるのだ。

先生は体を触っているといろんなことを感じるそうで、ある日の施術中、「ストレスが大きすぎますね」と言われた。「ストレスは、受け入れることが大事ですよ」。僕はその言葉に内心ムッとして、うつ伏せのまま「受け入れてますけどね」と返した。今の自分の立場は、20代の頃のものとはまったく違うものになっている。その強い自覚を持って生きてきたという自負が、自分の中にはあった。すると先生は、ちょっと、と言って座るよう促し、小さなホワイトボードを持ってきて、そこに陰と陽の模様を描いた。「人間の体内には陰と陽のエネルギー、それぞれが同じ大きさであります。どちらかだけが大きくなる、ということはないんですよ。太田さん、楽しいことはしていますか？　思いっきり心が安らぐような。今の太田さんだから感じられる喜びを、ちゃんと受け取っていますか？　それを受け取ることが、ストレスを受け入れることでもあります」。

なるほど、自分のストレスを受け入れるとは、その分得られる幸福を噛み締めるということでもあるのか。僕は自分で食えるようになった今も、手にした喜びを後ろめたく思うところがある。この程度の努力で、みんな認めてくれるのだろうか。僕の幸せは「贅沢」にはなっていないだろうか。おたのしみ券を握りしめた自分が、今もじっとこちらを見ている。

お祭りの日、A君だけが僕を呼び止めて「お前が使いや」とおたのしみ券を返してきた。「そんなんする必要ないで」。やっぱり僕の初恋は、彼だったのだと思う。

かわいそうなこと

無断欠勤をしたことがある人は、全体の約13%。というWEB記事を見て、なんだ結構いるんじゃんと安心した。無断欠勤をした時は翌朝がつらいもので、どんな顔をしてオフィスに入ればいいのかがわからない。僕の場合、最後まで何もいいアイデアが思いつかないままオフィスのフロアにたどり着き、引きつった顔でなんとかドアを開けた。自分のデスクに向かう時間が永遠のように思えた。みんながこちらを一瞥して、目を合わさないようにすぐにそらすたび、まるで気温がグングンと下がっていくようだった。デスクにたどり着いた時には頭が真っ白で、上司が話しかけてくるまで意識がほとんどなかった。「尚樹大丈夫？　よかったよ無事で！」。不穏な空気を蹴散らすように上司が明るく言ってくれて、この人が上司でよかったと思った。

数年後、別のチームの後輩が無断欠勤をした時も僕と同じだった。髪色だけは少し明るくなったものの、まだ就活生のようにも見えるその新人の女子社員は、静かにドアを開けたあと、横移動するみたいに無言でデスクに向かった。かわいそうだ。見ていられない。

頑張ってほしい。頑張らないでほしい。みんなもこんな気持ちだったのだろうか。僕は、あの日自分が受けた視線を彼女に送りながら、ただデスクでジッとしていた。彼女は上司のデスクの前に立ち、深く頭を下げた。

そして数か月後に、会社を辞めていった。

まだ学生だったある日、やっとできたゲイの友人とお茶をしていた。その人は僕より五つ歳上で、自分と同じようにセクシャリティのことで長らく悩んできた人だった。今は恋人ができて、仕事も充実していると語る彼は、本当に輝いて見えた。「ゲイだからこそ、今の生き方ができているんだと思うようになった」。そう語る彼は、まだ社会人になっていなかった僕にとって、丸くて柔らかい希望を手渡してくれる人だった。彼は、恋人と同棲を始めるんだと嬉しそうに言って、その家の契約にこれから行くんだけど一緒に行かない？と誘ってくれた。恋人と二人でたくさん内覧に行き、ここしかないと決めた家だと言うから、それは見てみたいと、ついていくことにした。

隣町にあった不動産屋まで歩きながら、どんな間取りなのか、窓からどんな景色が見えるのかを彼は嬉しそうに教えてくれた。それを聞いていると、こちらまで嬉しくなり、歩調が速くなってしまったのか、思ったよりずっと早く店に着いてしまった。担当者の若い女性が僕らを迎え入れ、「一緒にご入居を希望されている方ですか？」と聞いてきた。僕がいいえと答え、なんとなく照れていると、「実は」と切り出された。「お二人がご友人関係には見えないとおっしゃっていて……」。そう言って彼女は、オーナーの意向で貸せなくなったことを申し訳なさそうに説明した。僕は頼りない声を漏らすだけで、彼は一言「そうなんですね」と言った。何かを言い返すこともなく、僕らは店を出て、彼は僕に「なんかごめんね！」と謝った。僕は「いやいや」という曖昧な返事しか返せなかった。

★

つい先日、有名なTikTokerの方がゲストのトークイベントにて司会を務めた。車椅子ユーザーのその方に、僕はこんな質問をした。

「バリアフリーじゃない場所は今も多いし、お店選びって苦戦するものですか？」すると彼女は「うーん」と言って微笑んだあと、「たとえば階段が五段のお店だったら、女の子と二人でも行けるなって思うし、十段以上あれば男の人もいないとな、と思います！　心のバリアフリーも大切ですよね」とこたえた。

僕は黙ってしまい、しばらく言葉が出なかった。バリアフリー化が遅々として進まない駅を歩く度に憤りを感じていたけれど、「自分が手伝えば解決する」という選択肢を、考えたことがない自分に気づき、心底恥ずかしかったから。

きっと僕は、何もなかったかのように、無断欠勤をした後輩に声をかければよかったのだ。もしかしたら「おかえり〜！」と書いた付箋をつけて、チョコでも渡せばよかったのかもしれない。不動産屋を出たあとは、「ヤバいオーナーの家にならなくてよかったね〜！」と言えばよかった。かわいそうな思いをしている人はたくさんいるけれど、だからと言ってその人は「かわいそうな人」なのだろうか。誰かを「かわいそうな人」にするかどうかは、いつも自分にかかっているのだ。

未熟者には「へへへ」がお似合い

神様のような誰かがピピーッ！　と笛を吹いて、その手下らがとてつもなく長い紐をピンと張り、世の中の男性に「おじさんか、それ以外かに分かれなさい」と言い放ったなら、僕は右往左往して、双方から「お前、あっちだろ！」と言われるような年齢だ。30代前半というのは、若者ぶっても中年ぶっても誰かを不快にさせることがあり、20代の頃よりも人目を気にするようになった気がする。

そんな所在不明の僕に、〝おっさん〟の未来について考えるイベントに出ませんか？という妙ちきりんな依頼がきた。映画・音楽ライターである木津毅さんの著作『ニュー・ダッド　あたらしい時代のあたらしいおっさん』の刊行記念イベント、ということだった（世の中にはいろいろなイベントがある）。自分はどの立場から〝おっさん〟を見つめればいいのかわからないし、お断りしようかとも思ったが、この本がまあ痺れる名著で感動してしまい、読後の勢いそのままに「お受けします！」と返事をしたのだった。

当日まで考えていたことは、これまでご一緒してきた歳の離れた男性の先輩たちに対し、自分は一体何を感じてきたのだろう、ということだ。40代の先輩たちに〝おっさん〟を感じることはほとんどなかったが、50代に入ってくると少しずつあった気がした。60代以上になると〝おっさん〟を煮詰めて固めたみたいな方にも出会ってきたし、少年のような心を持った、純粋で誠実な方とも仕事をしたことがあった。彼らとの思い出を記憶の棚から引っ張り出し、ノートに荒々しく書き連ねていくと、メモは3ページにもなった。

「男は黙って、という美学は根強い」「彼らは、あまりイチャイチャしない（褒めあわない・労いあわない）」「若者の悩みをすべて『自分にもあった』と片付ける人は、ちゃんと話を聞いていない」書き終えて眺めていると、自分の筆致からも薄々感じてはいたけれど、自分って〝おっさん〟にそこそこムカついていたのかもしれない、と思った。そして同時に、中高年の男性たちの息苦しさを思い、複雑な気持ちにもなった。

こういった〝おっさん〟的ふるまいには、すべて「力があるから」とか「努力してきたから」という枕詞が付く気がする。力があるから泣き言を言う必要はないし、黙っていればいい。力があるから馴れ合わなくていいし、ほめ合う必要もない。努力してきたから若者の悩みはどれも既知のものだし、そこから学ぶものなんてない――。こんなの、力を保有できなかった人や、そもそも力に興味のない人、努力できる環境じゃなかった人たちも、〝おっさん〟としてまとめられ、揶揄されるなら、迷惑な話だろうと思った。

ノートに一番デカデカと書いたのは、「加齢しても、欲は消えない」という言葉だった。人は歳をとるにつれて食欲や性欲が減退していくのだから、きっと「欲」自体も褪せていくのだろう、と若者は楽観視しているように思う。事実、かつては僕もその一人だった。イベントの参考資料として取り寄せた男性誌の「おっさん特集」では、若い女性たちが「モテようとしているのは〝イケオジ〟じゃない」と答えていた。イケオジはむしろその逆で、若づくりもNG。大切なのは清潔感だ、と言って笑っていた。久しぶりに開いたフェイスブックでは、ずいぶん昔にフォローしたベテラン・クリエイターの男性が「若い人には負けられない！　まだまだこれからだ！」という趣旨の長文を投稿していて、それを見た友人が「まだほしいんだ」と言って苦笑いしていた。中高年男性の「欲」に対し、世間は寛容ではないのだ（何様やねん、って話だよな）。

彼らの欲は、若者が持っている食欲や性欲のようにわかりやすい形をしていないだけなのだと思う。欲は歳とともに退化するのではなく、「これだけは」というものに先鋭化され、進化していく。僕も、男性誌の中の女性陣も、明日は我が身であることを重々自覚しておかねばならないし、まして人生100年時代。僕らの欲は、彼らよりもっと複雑で濃密なものになるのだろうと想像すれば、背筋が寒くなる。

だから僕は、美容施術を繰り返して「若さ」を取り戻したいという人や、「一生現役！」

と宣言したがる人たちを笑えないし、そういう人がいるのも自然なことだと思う。ただ、「若さ」をいつまでも手中に収めておきたいと思いながら、己の未熟さは認めない大人には、なりたくないなと思う。プライドのせいなのか、「わかりません、教えてください」と言えない中高年にはたくさん出会ってきたし、自分を大きく見せることばかりに意識を使っている人も数多く見てきた。作家のジャーメイン・グリアが「若さはひとときのものだが、未熟であることは永遠に可能だ」と言っていたが、そもそも人は、一生を通じて未熟者のはずだ。「若さ」はほしいが、「未熟さ」は隠したい。そういったエゴが、結果として未熟な事態を招くのだから、未熟さはいつも受け入れて生きるのがいい。泣き言を言ってもいいのだし、若者の話に「へー！」と言ってもいいのだ。その方がずっと楽しいはずだ。

先月、僕は34歳になった。頼りなく長い紐によって二分された双方から「お前、あっちだろ！」と言われながら、僕は頭をかいて「へへへ」と笑っていようと思う。未熟者にはそれがお似合いである。

やさしさは、どこへいく

息抜きが難しい時世になってからというもの、仕事で行き詰まったときは、訪れたことのない街に一人で行ってみる、ということが増えた。その日は、葛飾区の立石に行った。立石は昭和の町並みを残した下町で、昼から飲みに出るおじさんたちの聖地でもある。僕は、行列ができた立ち飲み屋に並んでみたあと惣菜屋に寄り、細い路地をなんとなしに写真に収めたりしながら小さな公園にたどり着いた。ベンチに腰掛け、惣菜屋で買ったコロッケを取り出すと、似たような下町で育った小学生時代を思い出していた。

その公園には赤、青、黄と、鮮やかに塗装されたブランコがあって、ずっと見ていると愛着がわいたのか、乗りたくなった。コロッケを口に押し込み、ゆっくりと立ち上がって伸びをすると、頭に血が回って視界の彩度が上がった。すると、さっきまでグレーの塊として視界にぼんやりと横たわっていた地面に、何かがたくさん転がっていることに気づいた。黒鉛で汚れた消しゴムのようなもの。これ、なんだ？　混乱する僕の視界の右端から、まだ汚れていない消しゴムが転がってきた。食パンだった。

投擲の元に顔を向けると、ピンクのジャージー生地のズボンに、英字がたくさん入ったTシャツを着たおっちゃんがベンチで足を組んでそれを投げていた。おっちゃんはリラックスした表情で一斤の食パンから〝タマ〟を豪快にちぎり取っては軽く握り、鳩に「ほらっ」と投げている。おっちゃんは微笑み、鳩たちはそれを食べないどころか、必死に避ける。なるほど、これが「ひとりよがりなやさしさ」か。ここまで潔いひとりよがりを前にすると、妙に清々しい気持ちになるのだった。

それにしても「やさしさ」がかっこいい時代ではなくなったよな、と思いながら僕はブランコに移動した。10年くらい前は「やさしさ」を前面に押し出したコーポレートメッセージや文章を頻繁に目にした気がする。だけど今じゃ、やさしさを売りにしている人が、裏でどぎついことをしているとSNSで暴露されることも増えたから、そういったアピールは、炎上のリスクをあげるものになってしまった。

また価値観の多様化を実感する機会も増え、ある人にとってはやさしさであることが、別の人にとっては図々しさであったりもすると皆わかっていて、「やさしくしよう」みたいな言説は上滑りするようになった気がしている。

みんな違う人間である、という当たり前に、「だいばーしてぃ」という横文字が入ってくるまで、この国はなかなか気づけなかったのかもしれない。前に異業種交流会のようなものでカメルーンの方と話した時に「日本人はみんな一緒と言うけど、私、この国に来て、誰のことも一緒と思ったことないですよ！」と、その人は声を荒らげていた。僕は「そうなんすねー」なんてスカしていたけれど、本当は「いや、そうだよなーー！！」と指でもさして叫びたかった。酒が入っていたら絶対に言っていただろうと思うから、あの時は烏龍茶を飲んでいてよかったなと思った。

そんなわけで、社会の「やさしさ」の総量は減ってしまったのかというとそうではなくて、その向きが変わったのだと、僕は思っている。「やさしさ」はまず、自分に向けるべきものになった。やさしくするって難しいから、まずはちゃんと自分にやさしくしようね、という価値観は、以前より広がった気がしている。ポッドキャスト番組『over the sun』のパーソナリティのお二人は、「ご自愛ください」をキーフレーズにしているし、真っ当な現象だなと思う。

だから、おっちゃんの中の「やさしさ」はきっと今101くらいで、あの食パン爆弾は101のうちの100を自分に注いだおっちゃんの、残りの1なのかもしれない、と僕は思った。誰もがまず自分に100を注いでいいのだ。ちぎった食パンのサイズをもう少し小さくしてくれたらとか、その投擲ペースを鳩たちの食べるペースに合わせてくれたら、と思うけれど、そんなことをすればおっちゃんのやさしさは自分に99しか注げなくなるのだろう。

　何を考えているのかよくわからなくなってきたのでブランコから飛び降りてみると、しっかり足をくじいたのでヨシヨシと足首を撫でてやった。顔を上げて再びおっちゃんを見ると、公園の脇を自転車で通り過ぎた別のおっちゃんに「いつもありがと〜！」と言っていた。そのやさしさはあるんかい、調子ええな、と思ったけれど、みんなそんな上手に生きられないよな。

想像の彼

ショートムービーの脚本を書く仕事を頂き、最近はずっとそれを書いていた。物語は、主人公の中年男性が、ある日息子の部屋で息子とその彼氏の写真を見つけてしまう、という所から始まる。そしてラストシーンは長回しにして、息子が父親にゲイであることを伝える様を撮った。

制作は大変難航し、企画が通ったもののうまく書けない、ということが2度も続いた。今日脚本の大筋が決まらなければいよいよ追い込まれるというその日、僕は出張で大阪にいた。父の体調が芳しくないということで実家に寄ることになり、そこで父と久しぶりに話したのだけれど、それは人里離れたバス停に居合わせた二人が交わす、当たり障りのない会話のようだった。「なぜ私たちはここに来たのか」そこにはなんとなく触れないで、ゆっくりと天気の話をするような、そんな時間だった。

帰りの新幹線で、父に手紙を書いてみたくなった。ゆるやかに書き進めたものの次第に筆致は激しくなり、止まらなくなった。怒りも悲しみも光みたいなものも、そこにはあった。これでいいのかもしれない。ふとそう思い立ち、その手紙を打ち合わせに持ち込むことにした。そしてそれが、ラストシーンの台詞になった。

原稿はいつも、家の近くのドトールで書いていた。そこにいると、登録しているゲイ向けのマッチングアプリから毎日連絡してくる人がいた。彼は店内からか外の通りからか、いつも僕を見つけるようだった。来るのは決まって一日一通、それも「お茶でもどうですか？」といった誘い文句ではなく、ただ僕を褒める、という良心的なものだった。彼のページを訪問してみると、そこには風景画しか載っておらず、誰なのか特定ができないから、こちらは返信をしない。「今日のアウター、かわいいっすね！」「スポーティな格好も似合います！」「今日は真剣にパソコンをのぞいてましたね！」といったこんな短文が毎日送られてきた。

こういう時、男同士であるためか、はたまた自分が鈍感なためかわからないが、僕はあまり恐怖を感じない。だから彼からの便りを、ちょっといい気になれるメルマガくらいにとらえていた。そんなことより脚本を書かねばならないのだし集中しよう。そうやって気を取り直し、パソコンを睨みつける日々を、僕は過ごしていた。

書き終わった今、思うのは、とても苦しかったということだ。それは、世の中の「ＬＧＢＴＱ」に対する視線を、改めて丁寧に理解する必要があったからだ。みんなＬＧＢＴＱ

に対して何を思っているのだろう。そして、どんな物語であれば見たいと思うのだろう。それが知りたくて、制作スタッフや友人たち、そしていろんな立場のLGBTQ当事者に話を聞きに行った。

それは和やかな宴会場で、一人ひとりに「本当のところ、LGBTQについてどう思っていますか？」と聞いて回るような、居心地の悪さがあった。怪訝な顔をする人もいたし、堰を切ったように話し始める人もいた。彼らの話を通じて僕が感じたのは「多くの人にとってLGBTQは今も他人ごとなのだ」ということだった。ある男性は「自分がLGBTQなら、悩まないと思いますけどね」と言った。どうして、なったこともないのに言えるのだろう、と思った。ある当事者は、「ニュースで取り上げられるのとか、正直、鬱陶しいですけどね」と言った。生涯をかけて闘ってきた、アクティビストたちの顔が浮かんだ。

僕らはマジョリティにとって今も身近ではない、深い深い地下に暮らす住人で、そして多くのLGBTQ当事者も、地下の住人然として暮らしているのだと思った。ならば、僕のように地上でゲイというハチマキを巻くようにして生きている人間は特異で、そんな自分の感性は、なんの役にも立たないのかもしれないと思うようになった。

そんな毎日だったから、いつも連絡してくる彼が、どういう思いでいるんだろうかといつからか考えるようになった。彼はゲイのマッチングアプリという地下にいてもなお正体を明かさず、誘うこともできず、か細い二人のつながりを守ろうとした。彼はドトールという地上のどこから、どんな目で僕を見ていたのだろう。そして僕が書いた脚本を読むことがあれば、どんなことを感じ、どんな顔をするのだろう。

物語のラストで、息子は自分のパートナーについてこう語る。「おれ、あいつに出会って『そうか、ゲイだから出会えたわけか。ならゲイでよかったんじゃないか?』って、初めてそう思ったんだよ。すごいよね、出会いって。父さんも母さんのこと、こんなふうに思ったのかなって。そんなこと考えたよ」。こんな台詞は、彼からしたら戯言なのだろうか。「自分なら父親にこんなこと言わないですね」そう言うだろうか。もしくは何も言わず、黙るのだろうか。彼が「読めてよかったです」と言ってくれるような、そんな内容にしたいと願いながら脚本を仕上げた。

撮影が終わる頃に、僕は引っ越すことになった。それに合わせて、彼からの連絡はぱたりと止まった。書き上げたあと、原稿をDMで送りつけてみようかと一瞬考えたけれど、「やっと連絡くれましたね! セックスしましょう!」みたいな、地下で踊り続ける人の返事が来たら変に凹んでしまいそうだから、やめておいた。今は一般公開されていない映像だが、公開された暁には、彼の元に届けばいいなとぼんやり願う。幸せであれよ、と遠くから今もぼんやりと願っている。

ときに下ろうと、上り坂にたつ

先日、薬物依存の経験があるゲイの方3名からお話を聞く機会があった。彼らのサポートを行うNPO団体からの誘いで、あるメディアの取材に同席させてもらったのだ。時刻は18時。夕暮れをすぎた夜までのあわいに街は青く染まり、人々はホッとしているように見えた。僕は深呼吸をして、指定されたマンションのエレベーターに乗りこんだ。事務所はワンルームの一室を改装したアットホームな空間で、部屋に入ると、お三方が立ち上がって挨拶をしてくれた。そのまま「もう暑くなりましたね」とか、「男がこんなに集まると、なお暑いですね」などと言い合い笑っていたらホッとして、結構緊張していたのだなと思った。

取材は、それぞれがどういう経緯で薬物依存に至り、そしてどう自分と向き合ってきたのかを順に話していく流れで進んだ。雑談から和やかに始まったが、内容はずっしりと重たかった。

「高校時代、自分がゲイであることを受け入れられなくて、ゲイコミュニティに足を踏み入れる勇気をもてなかったんです。それでトイレに書いてあった番号に片っ端から電話をかけてセックスしていました。セックスに依存することで心の穴を埋めていたんだと思います。その繰り返しの果てで薬物に出合って、初めは怖かったです。というか、ずっと怖かった。でも、何度か勧められることが続いて、使用するようになりました」

彼らは僕に気を使わせまいと冗談を交え、お茶なんかも勧めてくれながら、丁寧に言葉を選んでいた。その口ぶりは、どこか遠くの星の物語について語っているようだった。それほどに彼らと、彼らの口から語られる話は、イメージが重ならなかった。それは、自分という人間が、どれほど偏見に満ちた生き物であるかということを僕にわからせた。きっと誰かは、彼らの人生を「道をはずれた人のもの」として見るだろう。けれどその中心にいるのは、誰とも変わらない、素朴でありふれた人間であるのだと僕は知った。

取材が終わりに近づいた頃、何か感想を述べた方がいい空気になり、僕は、「お気持ち、わかります」と言ってしまった。わかった気になるのは失礼なことだと思いながら、たしかにそう感じたのだった。濃度の高い孤独というのは、黒い重油のようになって足元に沈殿する。それは簡単に掻き出すことができず、足をとられつづけるような鬱陶しさが常にある。息はあがり、日々の意識は曇る。この苦しみを止めてくれるのなら何だってほしい。そういう気持ちに人をさせる。

僕の場合は、もっとも苦しかった学生時代、偶然にもバレーボールに夢中になり、それに没頭することが救いとなった。気の合う友人に恵まれたのもよかった。けれど、バレーに出合っていなければ、あの学校に入っていなければと想像すると、彼らと同じ道を歩んでいてもまったくおかしくなかったように思う。

「薬物依存になってよかったなんて当然思っていないですけど、薬物経験者の自助グループの仲間たちに『やってたから、なんとか生きられたんじゃない？』と言われて、そうかもしれないと思いました。彼らに会いに行くと、いつも『おかえり』と言ってくれるんです。そうやって温かく迎えてくれるこの人たちと、これからも一緒に生きていきたい。そう思ってから、時間はかかりましたけど、やっとやめることができました」

人には皆、ない方がよかった過去があるものだと思う。あの選択をしなければ、あの人に出会わなければ、あの家に生まれていなければ。そんな言葉が浮かんでくる過去を、誰もが抱えて生きている。僕もゲイとして経験した苦難は、そのどれもがない方がよかった。けれど、ゲイであったからあの人に出会えたのだとか、あの道に進むことができたのだと思えてしまう瞬間が、ある日ふと訪れて、これまでの絶望に対し敗北を認めざるをえなかった。ない方がよかった過去も、あってよかったと思えてしまう日がくることは、人生の一つの神秘だと思う。

インタビューの最後に、これからの人生をどうしたいかという話になった時、一人の方が「上り坂に立っていたいです」とすぐに答えた。上り坂ですか？　と聞くと、彼は「はい、具体的には今はないんですけど、また何か目標を見つけて頑張りたいです」と元気に言った。

人の幸せは、人の数だけ違うかたちをしている。しかし、一つ言えることは、何かを目指して上り坂に立っている時に感じる喜びは、何かの高みに立つことの喜びよりも大きいということだ。どれほどの地位や名誉を手に入れても、人はその高みから見える景色に必ず見飽きてしまう。ただ上り坂に立つ限り、「のぼる」ということの幸せは、誰の足元にも等しくあり続ける。だから、ときに下ろうとも、ときに立ち止まろうとも、また自分なりの坂を見つけてのぼればいいのだ。自分もそうやって生きていきたいと、僕は思った。

まだ会っていない人がいるのよ

「やる気あり美」でつくったショートアニメ『確信』がいわゆる〝バズる〟という体験をしてからというもの、学校で講演をする機会が増えた。リリースしてから10年近くが経つ今も、中学から大学までいろんな学校から声がかかる。講演はだいたい放課後に開かれて、中学で話す時は、一年生の、とりわけ男子数人がスヤスヤと寝ている。男女の区分はたいていがくだらないものばかりだが、こういう時、男女の発達傾向の違いというのは、たしかにあるのだろうと思う（もちろん真剣に話を聞いてくれる中一男子もいる）。

先日も最前列の真ん中で、坊主頭のおにぎりみたいな中一男子が、今にもいびきをかきそうな勢いで顎を上げ、気持ち良さそうに眠っていた。そういうのを見ると、僕は本当にホッとしてしまう。もちろん、LGBTQについて少しは知って帰ってもらえた方が嬉しいけれど、それよりも、子どもたちが健やかに育っているその瞬間に立ち会えた喜びのが勝ってしまうのだ。

だけど中には、必ず数人、燃えるような目でこちらを見ている子がいる。30人の場でも、

300人の場でも、そういう子たちは必ず目にとまる。僕は、彼らに伝わるものがあればと願いながら話している。

構成はだいたいこうだ。LGBTQの基礎知識について話し、僕が中高時代、どんなことに悩んでいたかを話す。その次は、10代が安心して話を聞いてもらえる相談窓口を紹介し、アウティングをしてはいけないよ、ということについて話す。これまでも「友人がアウティングをしていて、どうすればいいかわからない」という相談を、SNS経由で複数件受けてきたから、このパートは大切にしている。

そして最後には、何かメッセージを伝えるようにしているが、難しいのはこれである。ある女子中学生からは、質疑応答のパートで「太田さんにとって、性とはなんですか?」という質問を受けた。僕は「自由なものだよ」とこたえた。性は間違いなく僕を自由にしてくれたからだ。ゲイであることを公表してから、「男は」とか「女は」といった大きな主語を使う会話に、巻き込まれなくなった。それは僕に寂しさよりも、開放感を感じさせた。

「男らしさ」や「女らしさ」というものは、歴史を見ても時代によってその内訳が180度変わってしまったりする流動的なものだから、そんなものが確固たる存在であるあなたの「あなたらしさ」を奪うことはできない。今でもたまに、「ゲイです」と言うと、憐れむような目で僕を見る人に出会うけれど、そのことに対して怒りや悲しみを感じないのは、彼らの方が生きづらいだろうと思うからだ。他人に向ける視線は、まず自分に向いてしまう。だから、僕を憐れむ人たちは、毎日「男」や「女」という区分に縛られて生きているのだと思うから、頑張ってるな、無理しないでいいのにな、と思っている。という話をその時はした。

けれど、このメッセージは難しいよな、と思っている。自分だって過去を思えば、自分らしさを貫く勇気が10代の頃にはなかったし、だいいち自分らしさなど、大人になってもたいしてわからないものだ。だから近年では、「あなたにはまだ、出会っていない人がいるよ」という話をしている。それは誰にでも当てはまり、そして素晴らしい事実であると思うからだ。

人間は生きている限り、何度も思わぬ出会いを経験し、その中で新たな人生の指針や支えを見つけていく。つまり出会いとは希望であり、人生が希望に満ちているということは、決して感傷的な美談ではなく、厳然たる事実だ。人生とはとてつもなく面倒で、それでも生きるに値するほどの希望に満ちている。そのことをどうか覚えていてほしい。そういうことを学生たちには伝えている。

先月、とある高校での講演にてこの話をしている途中、じっとこちらを見ていた男の子の目から涙が一筋こぼれるのを見た。表情はじっと変えず、こちらをまっすぐに見たまま、彼は泣いていた。目が合ってしまい思わず話を止めてしまうと、彼は学生服の袖で涙をバッと拭いて照れ笑いをした。他の学生らの視線が彼に集まらないよう、僕はすぐに彼から目を逸らし、話を再開した。

彼が何を抱えているのかはわからないけれど、かつての自分には見えなかった光が、彼の目には見えていたらいいのにな。そう願いながら、「みんな、生きろよー！」と適当なことを言って、僕は壇上を降りた。

おれは、おれなりに

人には期待しない方がいい。という言葉を人並みに信じてはいるが、こと自分に関しては、期待を向けられる側になると、それにこたえようと躍起になってしまうふしがある。相手を喜ばせたいとか、そんな立派な動機がそこにあるわけではない。とにかく誰かにガッカリされることが苦手なのである。

これは心理学的には、自己と他者の分離ができていない、ということらしい。相手にとって大切なものは、自分も大切にしなくてはならないという思い込みがそこにはあり、本当は「私は別にそれが大切だと思っていないので」と、相手からの期待を切り捨ててもいいらしいのだ。

Nは新卒で入社した会社の同期で、内定者時代から仲がよかった。その会社は新人に新人らしさを求める会社で（今はそんなこともないらしいが）、たとえば、いかに飛び込み営業の数をこなし名刺をたくさんもらってこられるかが評価の基準となっていたし、朝は当然先輩たちより早く出社しなくてはならなかった。22時に一斉に照明が落ちる仕様のオフィスだったので、消灯したら新人が操作パネルに駆け寄り、先輩よりも先に電気をつけなくてはならない、というルールもあった。

僕はそういうのが至極苦手で、なんとかこなす毎日だったのだが、Nはというと、堂々とそれらができないまま新人生活を送っていた。先輩たちから何を言われようと、体育会出身者ならではの愛嬌のよさで乗り切ろうとしていたし、実際乗り切っていた。僕はNのそういうところが羨ましくもあり、だからこそ疎ましくもあった。

Nと言い争いになったのは、入社して半年くらいの頃だった。その日は、オフィスで二人して残業していた日で、僕ら以外に人は見当たらなかった。例に漏れず22時にオフィスの明かりは消え、僕が重い腰をあげて電気をつけにいこうとした時、Nが遠くのデスクで背中を丸めてラーメンを食べているのが目に入った。

僕はそれに無性に腹が立った。気づいた時にはNのデスクまで駆け寄り、「お前、なんで電気、いっつもつけへんねん！」と叫んでいた。そんなことをする自分に自分で驚いたけれど、もう止めようがなかった。そのまま畳み掛けるように、Nに感じていた不満をぶちまけると、Nは呆気にとられていたが、次第に目元が険しくなり、立ち上がって反撃を始めた。

「つけてる時もあるやろ！」

「知らん！だいたいお前は、なんで朝こーへんねん！」

「今日は来たやろ！」

「今日は知らんねん！　いいから電気つけろや！」

「電気、いらん！！！！　パソコン、明るい！！！！！！！！」

シュールな議論を展開しながら、「お互い疲れているのだ」ということを悟ってからは二人とも押し黙り、しばらく沈黙が続いたあとに、Nがまっすぐな目と大きな声で言った。

「おれはな！　おれなりに！　頑張ってるねん！」。

冷や水を浴びせられたような気持ちになった。僕は返事もせずにNに背を向け、自分の席に戻った。早くなった呼吸を落ち着けながらPCを開き、終わっていない資料作成を再開するが文字が頭に入ってこない。「おれは、おれなりに頑張っている」。その言葉が熱くなった体の上で蒸発し、「お前は、お前なりに頑張っている」という励ましの声に変わって、ひんやりと僕の心に残った。そうだ。僕らは、僕らなりに頑張っている。それ以上に一体何ができるというのだろう。誰がなんと言おうが、それ以上に素晴らしいことがあるのだろうか。そう思うと目から涙がダラダラと出た。

僕は今も、あの日のことを頻繁に思い出す。誰かにガッカリされることへの恐怖心はいまだ消えていないけれど、僕は僕なりに頑張っているから、それでいいのだと思えるようにはなった。

Nはあの日の帰り道、「僕ら、50点の仕事もできてないやん」と言った僕に、「50点が、今のおれらの100点なんやんか」と、励ましてきた。なにをお前が励ましてくれてんねん、と思ったが、その通りだ。Nとは今も仲がいい。

晴れやかな後悔

目黒区いちのボロアパートの2階に住んでいる。先週は、真冬であるにもかかわらずエアコンが壊れ、大家に取り替えのお願いをしたけれど交渉は決裂した。そのため、ありったけの服を着込んで過ごす羽目になり、朝目覚めると目の前には白い息が立ち上っている。綺麗、と一瞬思いかけて、寒さにイラつきながらなんとか起きあがり、すぐにユニットバスでシャワーを浴びて暖をとる。その後は意を決し屋外の洗濯機を回しにいく。そんな生活を送ることになった。

隣の部屋のおじいさんと鉢合わせるのは、だいたいこの時間である。彼はタクシードライバーで、夜勤を終えたあとでも綺麗に髪が整っており、制服をちゃんと着ている。手にはいつも缶ビールと缶チューハイが一本ずつ入ったビニール袋を持っていて、「おはようございます」と丁寧に声をかけてくれる。「おはようございます。夜勤ですか」と返すと、彼は穏やかな笑顔を浮かべて「疲れました」などと言う。

僕の部屋は角部屋で、隣に住むのは彼しかいない。そしてボロアパート特有の壁の薄さによって、彼の生活音は毎日クリアに聞こえてくる。おじいさんが好きなテレビも、AVのジャンルも、たまに歌う鼻歌も、すべて記憶してしまった。多分こんな感じで、おじいさんも僕の好みを把握しているのだろうし、僕がゲイであることも、知らざるを得なかったはずだと思う。彼との関係には「干渉」がなく、「受容」だけがある。共同生活に近いこの暮らしにストレスを感じたことがないのは、「別にそれでいいじゃないですか」という「受容」の力強さを物語っていると思う。この家で暮らし始めてからというもの、うすく温かい安心感をいつも感じている。

日差しをたくわえて少しあたたかくなった部屋で寝転んでいると、LINEの通知が鳴った。送り主は見慣れないニックネームで、開いてみると「[redacted]です」と大先輩の名前が書かれてあった。その方は、30年近くLGBTQのアクティビズムに身を投じてこられた方で、面識はないが、もちろん知っている方だった。「やる気あり美」について知りたくなったとのことで、共通の知り合いをたどったらしい。新宿二丁目にでも行きませんか、と言われ、もちろんですと返すと、そのままその日、落ち合うことになった。

集合場所は、二丁目にある中華料理店だった。知らない方も多いが、二丁目にはご飯がおいしいお店もいくつかある。この店は家族経営の人気店で、店内には中国語が飛び交っている（一体どうしてこの街で開業することになったのだろう、と気になって何度か店主に聞いてみたけれど、「あいてたから！」以上の答えをくれたことがない）。

学生時代は怖い人が集まるのだろうと思い込んでいたこの街も、気づけば心落ち着ける場所になった。お忍びで通われる人も多いから決して開放的な場所とは言えないが、そこにいる人々が「自由だ」と感じている街には、独特の温もりがあって心地いい。千鳥足の人がいて、急ぎ足の人がいて、悲しい人がいて、楽しい人がいる。すべての人が、この街ではやさしい無関心に包まれていて、うちのボロアパートに似ているな、と思う。

テーブルにドンと置かれたビールを飲み、麻婆豆腐をつついて話しだすと緊張感はすぐにとけた。Aさんは歳の離れた僕でも話しやすいように相槌をたくさん打ってくれて目を輝かせながら話を聞いてくれた。今年の東京レインボープライド（日本最大級のLGBTの祭典）に10万人が集まったことをどう感じているか。「やる気あり美」をなぜつくろうと思ったのか。最近の太田の恋愛事情はどうなのか。話題は尽きないまま満腹になり、店を変えることになった。

そこからはゲイバーを三軒もハシゴして、最後はAさんの行きつけだという店にたどり着いた。その頃には僕はアルコールでふやけきり、そのふやけた心でAさんに聞いてみたいことがあった。失礼かもしれないけれど、聞いておきたかった。

「この30年は楽しかったですか？」

僕はひとりの同性愛者として、毎日を楽しく生きている。カミングアウトも始めてしまえばいつからか気楽なものになり、気づけば居心地のいい人生が手に入っていた。社会福祉や社会制度の面で憤りを感じることはあっても、日常の中で誰かに怒りを感じることはほとんどない。だがそんな環境があるのは、奇異な目を向けられても闘い続けてきた先人たちがいるからだ。観客のいない、極寒の、もしくは灼熱の道を走り抜けてきた先人たちからバトンを渡されて、自分は日々を快走できている。そう思ってはいたけれど、きっと先人たちは楽しくもあったんじゃないか。だから走り続けてこられたのではないか。そうあってくれたらいいのに。僕はずっとそう思っていた。

Aさんは質問を受けたあと、表情を変えなかった。数秒じっと壁に目をやったあと、晴れやかな顔でこう言った。「僕の友人には、大きな会社で役員をしている人もいるし、医者になった人もいる。僕にも、そんな人生もあったのかな、と思います」。

僕は言葉につまり、「そうですよね」という気の利かない返事しかできなかった。「どういう意味ですか?」と聞くのは、なにかすごく下品なことに思えた。なんとか「Aさんたちの頑張りがあって、今の自分があると思ってます」とだけ伝えて紛らわすようにカラオケを歌い、適当に隣の人に絡んでから、始発にあわせて帰路についた。Aさんは駅前で「また飲もうね! がんばって!」と、満面の笑みで言った。

自分が社会を変えてみせる。なんとしてでもお金持ちになりたい。絶対に母になりたい。自分がやるしかない――――。そういった強い願いを持った時、それはまるで呪いのようであると思うことがある。楽しさよりも苦しさばかりが目立つ日々の中で、その思いが腹の底から立ち上がってくる。いつか願いを果たした日には、ただ大きな虚しさだけが胸にのこり、自分の人生は一体なんだったのかと途方にくれるのではないか。そう思って不安になる日がある。

玄関の扉を開けて、そのまま、廊下にある狭苦しい炊事場の蛇口を捻り、手ですくって水を飲んだ。すでに冷え切った手がさらにキンとして痛み、この手にはまだ熱が残っているのだと思った。窓を開けると、半端な月が夜明け色の空と同化していて綺麗だった。このまま洗濯機を回してしまおうかと洗濯物を抱えて外に出ると、おじいさんが帰ってきたところだった。「今日は早いんですね」そう言うと彼は「はい。飲み明けですか?」とたずねた。「そうです」と返すと、彼は持っていたビニール袋を持ちあげて「私はこれからです」と笑った。「いいですね」と言うと「いいでしょう」と返ってきて、僕は洗濯物を洗濯機に放り込んだ。

コミュニケーションは急げない

目黒区いちのボロアパートこと我が家に、似つかわしくない綺麗な封書が届いた。立体の柔らかいレース柄があしらわれたそれは、もこもことして純白で、とてもかわいらしかった。開けてみると、入っていたのは取引先の新商品発表会の案内だった。立食でフリーフロー（つまりオシャレな食べ飲み放題）のパーティらしい。貧乏人には持ってこいの企画だ。同じくこの会社と取引のあるSに連絡を入れ、参加の可否を確認すると「行く」というので、僕も参加することにした。ドレスコードはないと書いてあるし、ただのフリーターに近い自分でも、Tシャツでこういう場に行けば「スタートアップの人」という箱に収められるから楽だ。クローゼットから「やる気あり美」のロゴが入ったしわくちゃのTシャツを取り出し、アイロンくらいは当てておくことにした。

当日はとにかく飯を食って、すぐさま帰宅する算段だった。けれど出だしから帰りたくなってしまい、想定よりも気力がもたない自分に驚いた。パーティーが得意な人なんているのか、と思ったりするが実際にはいる。そこら中でできた円陣バレーの輪に入っては抜けてを繰り返す、みたいな曲芸を難なくこなす人がいて、あれは特殊な才能だと思う。自分の場合「入れてもらっていいですか？」なんて言えたためしがないし、いつも知り合いの金魚の糞みたいになって「せめて顔くらいは」とニコニコしているが、思ってもみないタイミングで「おもしろいですね」と言われたりするから、本当に勝手がわからない。

そういうわけで親睦会が始まると、いそいそと軽食の列に並んだ。唐揚げを六つも盛り、「次はビールだ」と意気込んでいたところで、一緒にいたSの知り合いだという女性につかまった。彼女はパーティードレスやしつらえのいいスーツに身を包んだ男女ら数人を引きつれていた。

すぐに自己紹介をする流れになり、それぞれが順に名前と所属を述べた。僕は「変な名前で恐縮なんですけど……」という前置きを添えて「やる気あり美」について話した。もちろん自分がゲイであることも、活動の性質上伝えるしかなかった。

すると皆が「えー！」と声を出して嬉しそうに笑った。結局、自己紹介のあとは僕に対する質問ばかりになり、円陣バレーというよりも僕一人のレシーブ練習みたいになった。「どんな人がタイプなんですかー？」「女役ですか？　男役ですか？」そんな不躾な質問にほいほいと返答していると、一人の男性が楽しそうに「ゲイなんだ、ウケる」とつぶやいた。僕はその球も何度もあげてきているので、はいはいそういうボールね、くらいの軽い気持ちで適当な合いの手をうとうとしたのだけれど、突然Sが「別に、ウケはしないですけどね」と言ってボールを両手でガッと握った。

僕は心の中でレシーブの手を組んだまま、「え」と声を出してしまった。横目にSの顔を見ると、笑ってはいたけれど明らかにその顔には不愉快さがにじんでいて、なぜか僕が焦る始末になった。「まあまあまあ」。Sの手からボールを奪うようにビールをつぎ、また和やかな輪に戻ったが、その後は何ともない話をしてすぐに解散した。なんとなく地に足がつかない気持ちになったSと僕は、壁際のハイテーブルに陣取りたらふくビールを飲んだあと、取引先の担当者に挨拶を済ませて帰ることにした。

帰り道を歩いていると、Sが「ああいうのダルいな」と言ってきた。僕は「まあね」と返したが、内心では笑いそうだった。というのも数年前、Sにカミングアウトした時に彼が第一声で放った言葉は「ウケる！」だったからだ。誰が言ってんねん、とツッコミでも入れそうだったが、僕は嬉しくて、そういった茶々は入れる気にならなかった。自分のやってきたことは間違いじゃなかったのではないか、と思えたからだ。僕はセクシャリティをオープンにしてからというもの、周囲の人に何か傷つくことを言われても反発したことがなかった。それは、ただひ弱な人間であるというのも大きいが、「コミュニケーションは急げない」と思っているからだ。

「差別はたいてい悪意のない人がする」という言葉があるが、まったくその通りだと思う。差別はいつも、無知やそれに伴う偏見から生まれる。同性婚についても、同性愛のことをいまだ性癖の一つのように思う人がいるから法制化が進まないわけであるし、その他ほとんどの差別も、無知と偏見から生まれている。

そういった意味で、法整備と向き合う政治家たちの無知は許容されるものではない。けれど、日常で出会う人々にも同じように求めるべきかと言えば、僕はそうは思わない。もちろん暴力を向けてくる人や、LGBTQを明らかに下に見てくる人とは、まっこうから闘おうと思う。けれど僕がゲイであることを伝えて、楽しそうにした人たちや笑った人たちに、悪意を感じたことが僕の場合はほとんどない。感覚の話であるから、自分が悪意を感じたのなら、指摘すればいいのだけれど、少なくとも僕はそう思ったことが指で数えられるほどもないのだ。

だから僕は「急がない」ということを意識してきた。無配慮な友人たちには、小分けにして知識を渡したり、こちらの思いを伝えたりするようにしてきた。そして今日、それが実ったのだと僕は思った。これから先、Sは僕ではないLGBTQの当事者に出会った時、いい顔で「そうなんですね」と言うんだろうと思う。太田の大勝利である。僕らはこの日、二人で飲み直すことにした。道中にあったイルミネーションがあたたかかった。

心のヒダ

ほしかった言葉は、その言葉をもらうその日まで、それがほしかったのだとわからない。そう気づいたのは、ヒダという友人との出会いがきっかけだった。彼女とははじめ、美容師と客という関係だった。30歳になるまで貧乏生活をしていた僕は美容院を固定したことがなく、その日も予約サイトをあさって出てきた初回限定クーポンを目当てに、その店に入ったのだった。そして、そこにいたのがヒダだった。

ヒダはプリントTシャツにデニムを合わせただけの、決してオシャレではないシンプルな格好をしていて、髪は短く切られ、虹色に染まっていた。新宿の雑居ビルの中にあったそのお店はとても小洒落ていて、彼女のちぐはぐさは際立って見えた。そして、そのちぐはぐな印象は、彼女の佇まいによって加速度的に強まった。「よろしくお願いします」丁寧にそう言ったヒダの表情とお辞儀は、柔道選手が組み手の前にとるそれのようで、なんというか、全身で「本気」だった。

気圧されながら席につくと、彼女はぎこちない笑顔をつくりながら「どうしましょうか」と言った。僕が「短くしたいんですけど、男らしい感じがいいかなと思ってまして……」と言うと、彼女は黙って頷いたあと、「ちょっと待ってくださいね」と返し、カットモデルがズラリと載った雑誌を持ってきた。「この中にイメージに近い髪型ってありますか？」そう促されて僕がいくつかのカットを選ぶと、「これとこれの共通点って刈り上げの高さだと思うんですが、あってますか？」と確認された。「そうですね。けど、もうちょっと前髪は重い感じがよくて」「なるほど」そう言うと彼女は、参考書を刮目するみたいに雑誌をめくり、「じゃあ、こんな風に長めの前髪が『重い』っていう感じですか？それとも、こっちの短いけどあまりすいていないヤツが『重い』ですか？」と聞いた。「あー……、そうですね、あまりすいてない方が……」そう返事をした時に一瞬目が合うと、やはり彼女は「本気」の目をしていた。

髪型が決まったあとも、そのあまりの気迫にやられ、彼女の髪色について触れることができなかった。あとに、カラー材の入りや抜け方を見たかったからだと聞かされたが、その理由も「本気」で笑った。その日の仕上がりは、完璧に自分が望んだものになった。

あれはたしか2度目か、3度目に訪れた時だった。他愛ない雑談は、大概が恋愛の話に至る。あの日も僕は、彼女の「お付き合いされてる方とかいるんですか？」という問いに、「いないんですよ、僕ゲイなんですけど」と答え、話を続けようとした。

これまでの経験から、女性にゲイであると伝えることは、距離をつめるのに有効だと感じていた。相手からすると、恋愛感情を向けられるかもしれない緊張感からも、同性特有の気遣いからも解放される。たいていの女性はパッと顔を明るくさせ、「そうだったんですか！」とか「え〜！　意外です！」と言って喜び、初対面ではあり得ないような込み入った質問や相談を投げかけてくる。この日もそんな反応を、僕は期待していた。

けれど彼女が言ったのは、「そうなんですか」の一言だけだった。それは純白の布を綺麗にたたみ、丁寧に差し出すような一言だった。表情には多少の戸惑いを感じたが、鏡越しにまっすぐに僕を見る彼女の目には、喜んでいることを匂わせるようなゆるやかも、拒絶しようとするような緊張感も見当たらなかった。そしてヒダは「もし変なことを聞いていたら教えてほしいんですけど」と丁寧に言葉を重ねたあと、いくつかの質問をしてくれた。「どういった方がタイプなんですか？」。それから僕らは本当に和やかに、軽やかに、いろんな話をした。それは〝恋バナ〟ではなく、女性と初めてする〝恋愛の話〟だった。

僕はこんな風に「そうなんですか」と、ずっと言われたかったのだと、あの時初めて気づいた。本当は自分がゲイであることを話のネタにしたいと思っていなかった。本当は、本音をちゃんと聞いてほしかった。本当は、もっと大切にされたかった。

自分を大切にするということは、とても難しいことだと思う。人間は何もかもに慣れてしまう生き物で、嫌だったことにも慣れて、いつかは嫌だったことさえも忘れてしまう。自分と他人の間にできたコミュニケーションの形はいつからかルールに育ち、そのルールは簡単に絶対になる。

僕にとって女性にゲイであることを伝え、そして喜んでもらい、距離をつめることは一つのルールだった。その中で得た喜びもたくさんあるし、それら一つ一つに「偽物だった」とラベルを貼り直すことは、自分の人生を否定するかのようでしたくはない。けれど、これからは、もうそんなことはしないでおこうと思った。

ヒダの現在の髪色は綺麗な栗色である。服装は相変わらずとんちきだけれど、彼女に似合う派手なものを着ている。なかなか予約のとれない美容師になった彼女に、先日ダメ元で当日予約をできないかと聞いてみた。アポイントが急にリスケとなり、時間があいたのだった。彼女からは「いけるよ！」とすぐに返事が来て、早速店に向かった。なんとその日の彼女は休みで、僕のためにわざわざ出勤してくれたそうだった。「言ってくれたら良かったのに！　お土産もないわ！」と言うと、「あ、本当に会えるだけで嬉しかったから」とあっさり返ってきた。彼女の本気と人気の裏側には、誠実で素直なやさしさが横たわっているのだ。来月僕らは、沖縄旅行に行く。暑い場所でくらい身勝手な人になって、好き勝手してほしいと思う。

救いの手はひかっている

名古屋地裁にて「同性婚を認めないことは、憲法に反する」という判決が出た。これまでもすでに、札幌地裁で違憲判決が出ており、東京地裁でも実質的な違憲判決が下されている。同性婚の法制化に向けてまた一歩前進したことに対し、ネット上には好意的なコメントも、思わず目を伏せたくなるようなヘイトコメントも、数多く寄せられた。

同性婚を望まない人たちは、様々な意見を持っている。そのほとんどが「同性婚を認めては、社会が〝悪いほう〟に向かう」という、エビデンスのない私見をベースとしたものだが、反対派の中でも猛烈な反対者たちは、一体どういう人なのだろうと、ずっと気になっていた。

たどり着いたあるブログには、何度も同性婚反対を表明する趣旨の投稿がなされていた。「国の財源は限られていて、同性婚などに使っている場合ではない」。直近のものにはそう書かれていて、コメント欄には、その主張への反論がいくつか並んでいた。ブログの主はそれらに対し、「この国には◯◯など、もっと重要な問題がある」という趣旨の返答を重ね、そこから長い彼女の独白が続いた。その骨子は、「〇〇は放置されている」というものので、文面から伝わってくる迫力が、彼女がそのテーマの当事者であることを物語っていた。「同性婚を望む人は救われて、なぜ私は救われないのか」。強烈な怒りの真ん中では、孤独が渦巻いているのかもしれない。

幼い頃、通っていた習い事の先生が、ある問題行為を理由として教室からいなくなった。僕とM君という同い年の男の子が彼の主たる標的で、二人は多分お互いに、一緒にいては〝的〟が大きくなったと思われる気がしていたから、ほとんど会話をしたことがなかった。僕は当時、自分が受けていることに対し、自分が何を感じているのか理解できなかった。今思えばあの感情は憎悪であり、怒りだったけれど、幼い体で分解するにはあまりに大きいその真っ黒な塊を、僕は「きっと自分が悪いのだ」と、心の奥に押し込む以外、術がなかった。

ある時、壁に落書きをした、ということで先生に怒られた僕は、教室の壁全面を拭いてから帰るように言われた。長居をしていた子たちがひとり、またひとりと帰宅していく中、僕は黙々と何時間も壁を拭き続けた。その時ふと、僕の視界の右側から影がさした。影の先にあったのは、雑巾を壁に押し当てるM君の白い手だった。「おれも手伝うよ」。M君は壁の方を向いたままそう言って、黙々と壁を拭いていた。彼の手は滑らかで、逆光にも負けず、光っているように見えた。それは僕が初めて見る「希望」だった。その日から少し経ち、M君は教室を辞めていった。

ある日の教室からの帰り道、ほかの子たちと寄った本屋でM君を見かけた。友達と楽しそうに笑う彼を見て嬉しくなった僕は、思わず駆け寄り、「M、元気してるん？」と話しかけた。すると、彼の表情からは溶け落ちるみたいに笑顔が消えて、現れた切れ長の目は僕を睨んでいた。「話しかけるな」。M君はそう言って僕は固まり、小さく「ごめん」とだけ言った。それは決してその場しのぎの、取り繕った一言ではなかった。僕はずっと、自分が何もできなかったことを悔いていたから。「Mっていつも頑張ってるよな」。それくらい、言ってみればよかった。その一言が救いになるなんて、そんなおこがましいことは思わないけれど、伸ばされた手は美しいのだから、それは「希望」になるかもしれないのだから、言ってみればよかったのだ。

僕はコメント欄に「〇〇の問題、大変ですよね」などど書いてみようかと考えた。けれど、結局勇気が出ずにPCを閉じた。あの日も今も、僕に足りないのは、手を伸ばしてみる勇気なのだと思う。

感謝は、遅れてやってくる

「ありがとう」をうまく言えたためしがない。レジを打ってくれたコンビニの店員さんや、資料を印刷してくれた同僚、お土産を買ってきてくれた友達に言うような、日常の些細な「ありがとう」は流石に言えるし、結婚式や退職パーティーでのスピーチのような、感謝のために御膳立てされた場面でも言うことはできるけれど、もっとさりげなくて唐突にふっと訪れる、しかしこの瞬間を逃してはきっといけないのだろうと感じるようなその瞬間には、どうしてもうまく「ありがとう」が言えない。

イメージするのは、ZONEの「secret base ~君がくれたもの~」的な引っ越しシーンで、自分ならば去り行く友が乗ったバスを追いかけるどころか、絶対バス停にて「じゃ、また~」とか言ってしまうと思う。もし「ありがとう」と言えたとしても、それは一度お湯でふやかせたみたいな中途半端で小声な「ありがと~」であるし、別の友人らがバスを追って走り出したのなら「え~」とか言って謎にニヤついてしまうと思う。だからあの曲を聴くとなぜか凹んでしまう。

通っているフラダンス教室の大先輩が、ご病気で教室を卒業されることになった。最後の練習が終わり、先生が来週以降のスケジュールについて話し始めた時、その方は「ちょっといいかな」と制し、「ケンカもたくさんしたけれど、今となってはいい思い出です。ありがとう」と言った。彼は深く頭を下げ、僕の隣にいた別の先輩は、やさしい微笑みを浮かべて頷き、「こちらこそ、ありがとう」と言った。彼が深く頭を下げると場はシンと静まり返り、僕はどうすればいいのかわからずにやっぱりニヤついてしまった。周りを見回すと、みんな優しい微笑みを浮かべていて、僕の隣にいた別の先輩は「こちらこそ、ありがとう」と大きな声で言った。僕はそれにも妙に照れてしまい、更にニヤついたのだった。

あれはたしか、立川談志のある日のまくらだった。「天邪鬼なヤツというのはだいたい照れているだけなんですけども、それはつまり、照れてばかりいると傲慢に映るってことなんだよなぁ。照れもそこそこにしないと」。その言葉を聞いた時は、本当にそうだよなと思って凹んだ。まっすぐに「ありがとう」と言える人の方が、絶対いいに決まっているのだ。

けれど、大事な場面で「ありがとう」をうまく言えない理由は、そういった「照れ」だけではなく、たいていの感謝が、遅れてやってくるものだから、というのもあるはずだ。

大学時代、自分が部長をつとめるサークルで、仲がいいつもりだった後輩たちから陰でひどい悪口を言われていたことがあった。当時の僕はそのことでひどく落ち込んでしまい、されど誰にも相談できなかった。

そんな折、サークルのメンバー数人で集まり、合宿で使う宿を探すことになった。集まったのは同期の女子が一人暮らしをする小さな部屋で、彼女は決して前に出るようなことはしない、控えめで、やさしい人だった。だから皆が彼女に甘え、部屋も貸してもらったのだ。

無事に宿が決まったあとは、バイトやら飲み会やらで皆が家を出て、残ったのは彼女と僕だけになった。そこで僕は意を決して先の件について話してみることにした。「いや〜、実は最近こんなことがあってさ。まいったよー」そう言ってヘラヘラと笑いながらも、胸は破裂しそうだった。

彼女はじっと話を聞きながら、一つも笑わなかった。話を聞き終えると、夕方になり暗くなってきた部屋でおもむろに立ち上がり、「食べよう！」と大きな声で言った。「練習中より声出すやん」僕がそう言って茶化そうとしても彼女は取り合わず、僕の腕を引っ張り上げた。「いくで」そう言って強引に家の外に連れ出され、コンビニに行くと宣言された。

わけもわからぬまま最寄りのコンビニに着くと、彼女は手当たり次第にスイーツをカゴに入れ始めた。

「なにしてるねん」

「だから食べるねん。今日はおごりやで」

「お前ダイエット中やって言ってなかったっけ」

「そやで。でも今日はいいねん。期間限定のヤツは全部いくで」

握り潰すように手に取られたスイーツたちの外装はどれもがへしゃげていて、僕が「なんでやねん」と言って笑うと、彼女は「ほんま、なんでやろな!」と返した。

あれから数年が経ち、コンビニに立ち寄った際、あの時の期間限定商品が再販されているのを見かけた。僕は「これ。まだ売ってるんや」と興奮してそれを手に取り、隣にいた友人に当時のエピソードをおかしげに話したけれど友人は笑わず、これは面白い話というか、ふつうに良い話だったのだと気づいた。彼女が両手にコンビニスイーツを持って「おいし~!」と叫ぶ姿を思い出した。それを見て僕は泣くほど笑ったけれど、あの涙と一緒に本当の涙も流れていったのだと気づいたのはその時だった。ちゃんと「ありがとう」と言いたかった。

先日、ずっと続けているポッドキャストで、「祖父母に自分がゲイだと伝えられなかった。それでよかったのか、今も考える」というお便りがリスナーから届いた。僕は、「ゲイだと伝えた方がよかったのかはわからないですが、伝えたいと思うほど愛していた、ということが大事なんじゃないですかね」なんてクサいことを言いながら、「後悔っていいことかもしれませんよ」と、思いついたことを話した。「伝えたかった」という後悔が胸を刺すたび、思い出すのは「あの人のことが大切だ」という思いだ。ならば、後悔は思いの証明であって、僕たちはもしかすると、その思いをなくしたくないから、後悔を手放さないのかもしれない。そんなことを言った。

この原稿を書きながら、久しぶりに彼女に「元気?」とLINEをしてみた。

「コンビニスイーツを爆食いした日のこと覚えてる?」

そう聞いてみたが、1時間ほど経って返ってきた返事は「あー! そんなことあった気がする!笑」だった。やはり僕の後悔も、僕のためにあるのだった。

適当なおじさん

夏が終わりに近づく頃、祖父の墓がある霊園の掃除会に参加した。この霊園は山の上にあって見晴らしがよく、その言葉から想像される暗さがどこにも見当たらない。雲一つない空からは、見えない巨大な柱のようになった日光が垂直に落下し、斜面に沿って並ぶ墓石たちはピカピカと光って楽しそうに見える。セミの鳴き声は竹藪に揺られサラサラとゆれて、遠くに見える古い民家たちは陽炎みたく霞んでいる。僕は景色に歯を見せて腕を回し、海にでも来たような活力を体から揺り起こした。楽しむ気持ちがなくては、夏の日差しには耐えられない。

祖父は若い頃、仕事を求めて遠くの島から大阪に移り住んだ。そしてこの霊園は、彼が同郷の仲間たちと造ったものらしい。彼らの固い絆を知った時、僕の中のマイルドヤンキーが「その絆、買ったぁ」と言ったから、こうして掃除会への参加を決めたのだった。

集まっていたのは、僕以外ほとんどが親世代の人々だった。皆、何年も前から掃除を続けてきた手練で、「ほな、始めましょか」の合図のあとは、それぞれが慣れたように、いつもの配置についた。小屋の整理を始めるおばさん、でかいマシンを抱え、芝生の雑草を刈りに出るおじさん、小鎌で細かな草を刈るおじさん、それぞれがよく似合っているように見えた。マシンのおじさんは体が大きくいかにも豪快だったし、小屋のおばさんはチャキチャキとして素早かった。

僕はそこら中で刈り取られた草を熊手でかき集め、茂みにそれを撒きに行く、という一番地味な割にしんどい仕事を任された。もう一人、僕と同じ役目のおじさんがいたのでその人を見様見真似で始めたけれど、こういう時の自分は「ちゃんとできているかな」とばかり考えてしまう。手際が悪い、要領が悪い、使えないヤツだ。そんな風に思われていたらどうしよう。いい歳なので、こんなことで緊張しているとは悟られないよう平気な顔をしているけれど、人目を気にしてばかりの小心者の性分は、小さな頃から変わっていない。どこからか「お前は努力が足りない。お前は工夫が足りない。お前はとにかく足りない」という声が聞こえてくる。「足りない」という呪いにかかったのかはいつだったのか、覚えていない。

茂みと霊園を4・5回往復しただけでも肌はジリジリと焼けていき、血液は沸騰したみたいに熱くなった。「にいちゃん、適当でええで」。集めた枯れ草をまた抱えようとかがんだ際、遠くから同じ役目のおじさんが話しかけてきた。おじさんは小屋の屋根の下のベンチに座り、「にいちゃんもおいで」と言って自分の隣をポンと叩いた。立ち上がり、体についた草を払って屋根の下に向かうと、おじさんは小脇に用意した小さなクーラーボックスからスポーツドリンクを取り出し「飲みぃ」と言って僕に渡した。僕はお礼を伝えて、それを一気に飲み干した。

「ほら、あのおっさん見てみ。ようやるやろ」。おじさんが指差す先には、芝刈り機を振り回し、血眼になって雑草を刈るマシンのおじさんがいた。「あそこまでやるんは性格やわ。にいちゃんもな、そんな頑張らんでええからな。十分ようやってるわ」「そうですかね」「うん、ようやってる。もっと適当でええ」。おじさんは景色をぼんやりと見ながら、暑さに溶かされたような笑みを浮かべていた。

そういえば、これまでの人生で「もう十分だ」と考えたことってほとんどないな、と僕は思った。以前働いていた会社にて、社長自ら取引先に謝罪せねばならないような大きなミスが発生した。自分にとっては関わりのない他部署が犯した事案であったが、業務の性質上、そのリカバリーの担当者には僕が選ばれた。

結局リカバリーには1年を要し、そのうえ、完全な回復ができたとは言えなかった。なんでもそうだ。仕事も、生活も、恋愛も、家族も、友情も、元いた場所に戻ることはできない。同じに見える何かを取り戻したとしても、それは決して同じではない。すべては教訓として、前に進むしかない。僕の体には一年間、毎晩全身に蕁麻疹がでた。事実の発生時に当該の部署にいた人たちは異動になり、一人残った部門長は、その間、我関せずという顔をしていた。実際僕のサポートをしてくれることも、ほとんどなかった。

僕はそのことが信じられず、リカバリー作業が幕を下ろしたあとの上司との面談で、部門長に対する怒りを吐露した。上司はじっくりと話を聞いたあと、「尚樹が言っていることはよくわかるけど、でもあれが、きっとあの人の限界なんだよ」と言った。僕は露骨に納得していない顔をしながら会議室を出た。

たしかに自分の限界は自分で決めていいものだ。限界を他者に決めさせることは、人生の舵取りを他者に委ねるということを意味している。けれど僕は、そういうことじゃなくて、もっとちゃんとやりたかったんだよな、とあの日思った。もっとちゃんとやりたかった。できることは全部やりたかった。ただそれだけだった。

空を見ると、さっきまでなかった薄い雲が広がり、気温は少し落ち着いている気がした。マシンのおじさんは芝生の雑草刈りを終えて、慰霊碑を取り囲む植え込みの剪定を始めていた。僕はそれを見て、芝生のとこ、もっと丁寧にやらなくていいのかよ、と思った。剪定も見ているとなんか雑というか、もっとこう、丸くできないもんかな。というか、ちょっとやってみたいなアレ。いや、やってみたら難しいんだろうな。そんなことを考え始めている自分がいた。僕はやっぱり、やるならちゃんとやりたいんだよなー！　と思った。君はもう「足りない」という呪いに縛られた少年ではない。ただの凝り性な青年ということでいい。自分の人生に、悲観的な意味づけをするのはやめなさい。そう祖父が言っている気がした。

結局その後、僕は芝生のおじさんと一騎討ちのようになった。二人だけが、いつまで経っても清掃をやめなかった。じいちゃんも僕みたいにやりこむ人だったのだろうか。というか、もしかしてあのおじさんって……。はたと顔を上げると、おじさんはベンチでアイスを食べていて、やっぱりただの適当なおじさんだった。適当なおじさんに救われる日があるのも人生なのだと、僕は思った。

両手ですくうように

誕生日って難しい、と小さい頃から思っていた。「自分は大切な存在なのだ」という認識をどこかに落としてきてしまったのか、気づいた時には、みんなから大切にされていいらしいこの日の受けとめ方が、よくわからなくなっていた。タンクを持っていない車みたいだと、自分のことを思っていた。どれだけ「おめでとう」と言われても、それを受け入れるタンクがない。せっかくもらった愛情もやさしさも、自分は受け取り方がわからないから、道端に置いていくしかない。なんとか自分の熱意を燃料に、走り続けるしかない。ずっとそんな感覚で生きてきた。

諸般の事情で大阪に戻り、2年が経った。僕にとって大阪は、「地元」や「故郷」と言えるほど距離の近い存在ではない。小学生の頃、気に入っていた下町から、冷めた住宅街(それはつまり〝大阪〟とはいえない場所)に引っ越し、中学と高校はその住宅街の果てにある私立で、大学は兵庫の山奥だった。おまけに僕は陰鬱なゲイの少年であったから、大阪でぬくもりめいたものを感じる機会がなかった。

そんな僕の居場所となったのは、東京だった。東京に出て、僕はゲイであることを隠さずに生きた。「カミングアウトは人生において些細な出来事だ」なんて息巻いていた時期もあったけれど、振り返れば、深く息を吸えるようになったのはあの頃からだ。かつてヒューヒューと喉を鳴らしながら生きていた自分の目つきは相当悪かったようで、学生時代の友人らに結婚式なんかで会うと、「丸くなったね！」と言われる。今の自分も明らかに鋭利な部類の人間なので、以前はどんなにひどかったのだろうとゾッとしながらステーキを食べる。自分にとって都合の悪いことを人間は忘れてしまうのだ。そのことにもゾッとして赤ワインを飲む。

だから居場所なき帰阪は不安だった。友達もいないし行くところもないから、1年ほど飲み屋をよく廻った。そしてそこで、いく人かの尊敬するママに出会った。ママたちは、お店にお邪魔した翌日、たいしてお金も落とさない僕に必ず「昨日はありがとうございました」と連絡をくれる。応援している方がお店を始めればすぐに駆けつけるし、一緒に行こうと誘ってくれる。彼らはご縁を両手ですくって運ぶように生きていて、その姿を見ていると、あぁ、僕もその手のひらにのせてほしい、僕もそんな風に生きたい。そう思うようになった。

思えば僕の人生には、こういうものが足りなかったのかもしれない。東京にいた10年間、

「結果を出せばいい」「有能であればいい」、それだけを考えて生きてきたように思う。夢を持つ人間としてそれは大切な経験だったけれど、僕の体内には「もっと結果を出さねばならない」という絶えぬ不安と、「どこがゴールなんだ」という答えのない疑問が蓄積しつづけていった。

ママたちは僕の結果とか、能力とか、そんなものは微塵も気にしていない。これまでは「中身のある話」を分かち合うことが人の絆をつくると思っていたけれど、中身のない話をダラダラと続けられる関係にこそやさしさはあり、そのやさしさの上でこそ、人は安心して支えあえるのかもしれない、と思うようになった。

仕事をしていると、お中元の送付リストを面倒くさそうに整理する日や、出張土産を無感情に箱買いする日があるけれど、今ではどこかに出かけた時、ママたちに「何を買っていこうか」と考えるようになった。お土産を選ぶ時間が、出張の一番の楽しみになった。彼らを真似て、こころの中で両の手のひらを丸くつくる時、僕の中にたまっていた何かがサラサラと蒸発していく。

大阪に来てよかったと思う。誰しもが、人生を思い通りに進ませたいと思うものだけれど、思い通りに進むのが良い人生なのかといえば、決してそうではないのだと、この街に来て気づいた。僕は先月で35歳になった。年甲斐もなく恥ずかしいけれど、誕生日会をしてくれないかと、初めて友達に連絡をした。

おれの個性は、おれが決めるんだぜ

アジア最大級のＬＧＢＴＱの祭典、東京レインボープライド（以下ＴＲＰ）が先日、無事閉幕した。渋谷・原宿を大行進するパレードから始まり、有名アーティストたちのフリーライブやクラブイベント、お昼の親子向けイベントなど、様々な催しがＧＷ期間中各所で開かれた。パレードには1万人以上が歩いたらしい。初めて日本で行われた１９９４年はおよそ１０００人だったことを思えば感慨深く、先人たちへの感謝にたえない。この25年でパレードは着実に成長を遂げてきたのだ。

僕にとってこのお祭りは「同窓会」のようなものだ。普段なかなか会うことのできないＬＧＢＴＱの友人やアライの友人たちと、今年もたくさん会うことができた。大阪で活躍するドラァグクイーンの友人、ＴＲＰスタッフのみんな、前職の先輩、たくさんの人と乾杯しては、ゲラゲラと笑いあった（いつも連載を読んでます！　と声かけてくださった皆さんも、ありがとうございました！）

どの再会にも胸が高鳴ったが、久しぶりに話したＴちゃんとの会話は強く印象に残った。

彼がスタッフで、僕がただ客として参加していたあるイベントの昼休憩中、TちゃんとTちゃんの友人二人とたまたま一緒になり、ランチをすることになった。彼らは皆女性として生まれ、今は男性、もしくは「女性ではない性」を自認して生きている。GWとは思えないほど閑散とした穴場のカフェでもりもりと飯を食い、ビールを飲みながらいろんな話をした。

どういう流れか忘れてしまったが、Tちゃんは過去アニメに救われた経験について話してくれた。友達がみんな大学に受かって、自分だけが浪人生活に突入した時、孤独を癒やしてくれたのがアニメだったそうだ。勇気を出して参加したオフ会では、誰にも話しかけることができず会場の隅っこで座っていたが、すぐに隣の女性が声をかけてくれて、一気に盛り上がったらしい。そこでできたつながりは今も続いているとのことだった。同じ「好き」でつながる〝オタクコミュニティ〟に出合えたことが自分の転機になったとTちゃんは話してくれた。

「私って、100%男にはなれないじゃん？　男性器がはえてくるわけじゃないし。それは私にとっては完全な男にはなれないってことなんだよね。それだったら私は男を目指したいとは思えなかった。一時期は近づける所まで近づいてみようって頑張ったんだけど、でもやっぱりしっくりこなくて。今はホルモン治療もやめたんだよね。一人称も〝私〟が丁度いいと思ってる。だからもう、これ以上男になれなくていいやって思ってるんだけど、でも、オタクであることだけは、誰にも奪われたくない。オタクであることは、私の誇りなの」

めっちゃかっこいいなー！　と僕は思った。Sちゃんや、多くのトランスジェンダーの方は「なんとしてもほしい」と心が千切れるほど願ったものを、完全には手に入れることができないまま生きなくてはならない。それはある意味、人生の真髄をいち早く理解せねばならなかったということだ。その悟りを、幼い心のまま強いられることは、どれほど辛かったのだろうと思う。その痛みを受け入れ、乗り越え、もしくは今も向き合いながら生きる姿を素敵だとか、素晴らしいとか、誰かが評価を下せるものではないけれど、とにかく本当にかっこいいなー！　と僕は思った。

自分がゲイであることを伝えると「それはあなたの個性だよ」と言う人がいるが、そのたびに「うるせぇ、おれの個性はおれが決めるんだよ」と思う。僕は自らの個性を握りしめる意識で、つまりは、お気に入りの茶色のシャツを着て、好きな友人らに「ノーレインボーすぎる！！」とののしられては「これが7色目じゃ！」と喚きながらパレードを歩いた。

みつばちへ

大学を出て1、2年の、社会人だと胸を張って言えなかったグダグダの頃は、いつも新宿三丁目の『鳥貴族』にいた。「あれってびーとぅーびー?」「いやあれはびーとぅーしーや」「びーとぅーびーって語感が恥ずいよな」覚えたてのビジネス用語を、280円のアテをつつくみたいに腐しながら、友人らと第3のビールを飲んだ。大人の言葉を何度も口にしていれば、早く大人になれるのではないかと期待していたのが本音だったが、社会という巨大な迷路に足を踏み入れたばかりの若者たちは、ヘラヘラとひねくれて、平気なふりをしているのがやっとだった。

「聞いた? LGBTって言うらしいね」4文字の英単語が海を渡って港に着いた、という話を聞くようになったのもあの頃だった。思春期にゲイであることを自覚し、「みんなちがってみんないい」なんて綺麗事だ、というあわい失望感に包まれながら成人した僕たちは、背後から迫りくる虹色の歓声をどう受け取ればいいのかわからなかった。前だけではなく、後ろからも漠然とした不安が迫ってくる。そんな時を生きていた。

「みんなちがって、みんなキショいのにね～！」僕の目の前に座っていた友人のミシェウがそう言って、意識がテーブルに戻った。そうだそうだ、僕らはそもそも変わり者だった。ミシェウといると、おそらく天才とはこういうヤツなのだろう、と誰もが思わされた。気ままに音楽をつくれば、あとに有名なシンガーになった友人が嫉妬するほどだったし、ショートアニメをつくればアニメーターとして身を立てた友人が驚愕するような、多才で、人とは違う感性を持っていた。

だけど彼には向上心がないというか、自分が持つ才能に対して執着がなかった。僕はあの頃、目の前の迷路に人一倍動揺していて、「一体どこに行けばいいのだろう」とばかり考えていたけれど、ミシェウはいつも「どこにも行かなくてよくない？」と笑っていた。彼はどんな時も楽しげで、それは意識してそうしているというよりも、生きているだけで本当に楽しいのだと、心から感じているようだった。

明石家さんまが１００回の輪廻を乗り越え、「生きてるだけで丸儲け」という真理に至ったとするならば、ミシェウには、初めて人間になったからそれを知っているような軽やかさがあった。彼はみつばちを待ち受け画面にするほど愛好している。前世はみつばちだったのだろうと、僕は真面目に思っている。毒があり、健気で、やさしい。それがミシェウだから。

そうして、「どこにも行かなくてよくない？」は、僕らの価値観になった。新宿二丁目にも踏み込めず新宿三丁目の『鳥貴族』で、LGBTの波にも乗る自信を持てないままに僕たちは、今自分たちがどこで何を思っているのかをそのまま発信することにした。それが「やる気あり美」というクリエイティブチームの始まりだった。

それからはいろんなことを経験した。大勢の人に自分たちのコンテンツを見てもらえたし、イベントにも何度も呼んでもらえて、こんな連載さえ始まった。どこにも行かなくていいと思った僕たちは結果的にいろんな場所に行くことになった。そしてその旅は、それぞれに自分の目的地を見つけさせ、ゆっくりと僕らの離別につながっていった。最後の砦みたいに6年間続けてきたミシェウと僕のラジオも今月で終わる。そしてこの連載も、今回で終えることにした。

僕にも行きたい所ができた。そこに向かうには山を何度も越えなくてはいけないだろうし、その道中で滑落するかもしれない。知らなかった絶景に感動することがあればいいなと思うし、別れはきっとたくさん待っているのだと思う。けれど最後には、春の野原に辿り着いて、その気持ち良さを感じられたらいい。広がる草原は陽に照らされてツヤツヤと光り、花々は笑うように風に揺れている。僕は柔らかな空気を胸いっぱいに吸い込んで、みつばちのようにその野原を駆け回るのだ。

さようなら、鏡月

「鏡月、飲んでますか？」と聞かれて、「嗜む程度に」と答える人はきっと少ない。だいたいは浴びるほど飲んできたか、限りなく無縁な人生を送ってきたかである。鏡月は主にディープな夜の街で常飲されている甲類焼酎で、甲類焼酎というのは、「お酒」という言葉から想像する風味や奥深さみたいなものをすべて抜き去ったアルコールのことだ。原材料となる麦や米、サトウキビたちの面影はどこにもなく、舌でころがしたり、鼻に抜ける香りをたのしむ余韻は一切含まれていないので、皆がお茶やジュースで割ったりして肝臓に直行させる。だからそれを味わい、嗜めるのは猛者だけで、そのためには数々の夜を乗り越え、芳醇な人生経験を蓄える必要がある。

僕が鏡月と出合ったのは、たしか大学3年の秋だった。友人に連れられて初めて入ったゲイバーで出てきたそれには、スタイリッシュではない、レトロでもない、シンプルともちょっと違う、絶妙にダサいラベルが貼られていた。大きな月のイラストと明朝体の「鏡月」という文字。その気取らないなりに僕はひるんだ。当時は花の大学生で、一生分のカシスオレンジを飲み切っていたし、ビールと発泡酒を飲み分けるくらいには調子に乗っていたけれど、イカした大人たちがこんなに直球なものを飲んでいるとは知らなかった。

置かれたグラスを見ながら僕は、小さい頃母が飲んでいたアメリカンコーヒーを思い出した。二人で出かけたファミレスで、母はいつもアメリカンを頼んだ。

「ちょっと薄くて飲みやすいんよ」

コーヒーでさえ良さがわからない当時の自分にとって、その先にあるアメリカの何かを口にする母の横顔は、母という表層の奥に一人の大人の女性が存在していることを感じさせた。僕は熱いアメリカンを飲むみたいに、そっと鏡月に口をつけた。

あれから何本の鏡月を飲んだかわからない。楽しいことがあった日も、悲しいことがあった日も、テーブルの上にそのボトルはすっと立っていた。酔った心と体をテーブルに預け、ラベルに描かれた月を見ていると、あまりのダサさにニヤけながらもホッとした。透んだ味の日本酒を口にした時の驚きも、高いワインを飲んだ時の高揚感も、鏡月のやさしさに比べると何でもないなと、いつからか思うようになった。鏡月は誰のことも排除しない、「これでいいのだ」というお酒で、それは僕らが「これでいいのだ」と確認しあう、ゲイバーという場所によく似合っていた。

そんな「鏡月」との別れは、突然に訪れたのだった。忙しさにかまけて足が遠のいていた店を久しぶりに訪れた時、コトッと置かれた新しいボトルに貼られていたのは、ずいぶん洒落たラベルだった。「鏡月Ｇｒｅｅｎ！」、そこに書かれた文字を思わず大声で読み上げてしまった。急いでスマホで検索すると、「鏡月」は「鏡月Ｇｒｅｅｎ」に生まれ変わったということが、オシャレなガーデンパーティーの写真と共に説明されていた。謳い文句は「糖質ゼロ、プリン体ゼロ」。モデルには若い男女が起用され、彼らの和やかな笑顔の写真の下には、小さな文字で「鏡月と中身は同じです」と書かれてあった。中身は同じです、か。「鏡月Ｇｒｅｅｎ」の担当者は、母校の校舎が建て替わった時も、同じようなことを言うのだろうか。だとしたら、気が合わなそうだなと思った。

鏡月の中には、僕らのろくでもない思い出がつまっている。鏡月を飲んで笑ったり泣いたり悪口を言っている時、そのろくでもないエネルギーは空にのぼって韓国のソラクサン（鏡月に使われている水の原産地）にたどり着き、雨となって地水に溶け込んだあと、世界一下世話なピュアウォーターとなって僕らの元に帰ってきているのだ。だからこれからは「鏡月Ｇｒｅｅｎ」を持って週末キャンプに行くようなオシャレな男女を横目に、負けじと飲み続けるしかない。鏡月の味を守ってきたのは、我々なのだ。僕もようやく鏡月を「嗜む」日々が見えてきたのだから、決して負けるわけにはいかないのだ。

Piano Man

ゲーム『逆転裁判』は、20年以上売れ続けているらしい。何かに抗議することは、大きな勇気を要する割に、たいして結果をもたらさないことが多いから、画面の中の「報われる抗議」って癒やしになるよな、と思う。「異議あり！」の一言どころか、魂のスピーチも、命がけのタックルも、冷ややかに跳ね返す壁は、ＬＧＢＴＱのアクティビズムに関わる以上、人より多く見てきたかもしれない。

先日試写会に呼んでいただいた、『It's a Sin』という１９８０年代イギリスを舞台としたドラマ作品は、ゲイの主人公らがＬＧＢＴＱやＨＩＶ／ＡＩＤＳへの差別に対し、真っ向から抗議する様を描いていた。この『It's a Sin』は当初、主題の重さから放送業界内でのエンタメとしての評価が低く、引き取り手となる放送局が見つからなかった。そこで8シリーズあった脚本を5シリーズにまで短縮し、ようやく1社との契約に至ったそうだ。しかし、『It's a Sin』は予想に反して記録的な大ヒット作となる。イギリスのＨＩＶ検査数は、作品の公開前年の4倍にまで伸びた。

こういった作品がたくさんの若者の心を動かしたという事実には、デモ行為を冷笑的にとらえる日本社会を生きるひとりとして、大変に勇気づけられた。だが一方で、作品内で描かれる闘いを観客として外から眺めていると、虚しさに近い戸惑いが、胸の奥でジリジリと芽生えるのも感じた。

主人公らは自分たちの人権を主張し、その度に国家権力に何度も踏み躙られた。彼らの大きな一歩が、多様性を尊重する現代社会の礎になっていることは言うまでもないが、「大きな一歩」のさなかにいた彼らは、その一歩をどれだけ喜べていたのだろうと思う。「これだけやっても一歩にしかならないのか」という虚無感の方が、遥かに大きかったのではないか。それが、僕の素直な感想だった。できることなら僕は主人公に、そして未来の自分に、「それでも抗議してよかった?」と聞いてみたい。そう思った。

★

じいちゃんが初めて人を好きになったのは中学3年生の頃なんだ。そのときは誰にも言えなくてね。ん、シャイだったのかって？　まあ、それもあったのかも知れないね。だけど当時は男が好きだというだけで、気持ち悪がられる時代だったから、じいちゃんはそれが耐えられなくてね。なんだい？あぁ、そうだね、そうしてくれるかい。薄い方のカーテンだけでいいよ。うん、丁度いい。お前の顔がちゃんと見えるよ。へへ。

ところで、お前の世代でも、LGBTQという言葉は知ってるものかい？　そうか、聞いたことはあるか。そう、そういう意味だ。今は誰も、使わなくなった言葉さ。当時の日本じゃLGBTQの人たちに暴力をふるうような人はほとんどいなかった。だけど、みんなLGBTQは「いない」ということにする空気があってね。いるのはテレビの中と外国だけで、自分の世界には「いない」。じいちゃんはあの頃、自分が「いない人」になるのが怖かったんだろうね。

だからそうだ、42歳でHIVになった時も、数年間は誰にも言えなくてね。その頃じゃ、少量の薬を飲むだけでAIDSを発症することもなかったし、HIVで死ぬことはなかった。誰かにうつすことだってなかったのに、だけど、言えなかったねえ。じいちゃんは、また「いない人」にされるのかもしれないと思うと、怖かったんだ。20代で初めて自分がゲイであることを友人や家族に伝えて、運良く受け入れてもらえてね。やっと「いる人」

になれたから、もう戻りたくはなかった。あぁ、そうだよな。今じゃＨＩＶ／ＡＩＤＳも、風邪と同じ扱いなのにな。でもじいちゃんが若い頃というのは、そういう時代だったのさ。

お前の父さんの父親になるのも大変だったよ。当時は同性婚どころか養子をとることも同性カップルじゃできなかった。「両親が同性愛者だなんて、子どもがかわいそうだ」とか「子どもには父と母、両方が必要だ」と、真面目に言う人たちがいてね。だけど、そんなことは無駄な心配だと、じいちゃんの少し年上の先輩たちが示していってくれたのさ。じいちゃんの先輩には、精子提供をうけて出産したレズビアンの方が何人もいたし、「どんな子だってかまいません」と児童相談所に直談判をして子どもを引き取ったゲイの方もいた。そうやって先輩たちの手で一身に愛された子どもたちが、大人になって反論してくれたのさ。「私たちは幸せだ」ってね。じいちゃんはその言葉を北極星みたいに道標にしながら、お前の父さんを育てたよ。

ＬＧＢＴＱのパレードも何回も歩いたねえ。いろんな署名もしたし、投票も必ず行った。仲間たちとＬＧＢＴＱに関する動画をつくったり、イベントをやったりもしたんだよ。なに、立派だって？　いやいや、立派なんてもんじゃないさ。私はね、正直ずっと考えていたよ。この一筆に、この一票に、なんの意味があるんだって。私は社会を変えられるような人じゃなかった。ずっと無力だったよ。

だけどね、社会はこうして変わったんだ。だから今、私の目の前にお前がいる。数えきれないほどたくさんの、もう会うことのない人たちの願いが、大きな川になって社会をあるべき場所に運んできたのさ。私は幸せだったよ。その川の流れをただ岸から眺めていたんじゃないのだからね。その流れの中に、私はいたのだから。寒くて、何度も溺れそうになった。笑うヤツもいたよ。でも振り返ると、不思議なくらい温かかったと、そう思うんだ。

幸福な道

なおくんは、ふつうに幸せになりたかった。「ふつう」も「しあわせ」も、その意味を説明できなかったけれど、年齢が二桁になる頃にはそう思い始めていた。一桁の頃は、駄菓子屋に通って友だちと秘密基地を作り、公園を駆け回るだけの毎日をおくっていたからよかった。一日の終わりには神崎川にかかる橋の上まで自転車を走らせ、そこから友だちらと広い空を見る。川面は夕焼けを吸い込んで煌めき、鳥たちはゆったりと空を飛ぶ。彼らはワーっと声をあげて、「今日は雲がいい感じや」とか「なんか太陽、大きい気ぃするな」と話した。あの頃、綺麗なものは、何度見ても綺麗だった。

だけど二桁の年齢になり、なおくんは「不安」と出会った。そしてそれは、1日ごとに膨らんでいった。お父さんって呼ばなアカン？　僕の服ってダサいん？　なんで殴られるん？　そんなことを考えていると、彼はあまり空を見なくなった。綺麗なものたちは網膜を通り過ぎたあと、胸にたどり着く手前の、風呂場の湿気みたいな不安の中で歪んだ。そんなジメジメとした毎日が、彼はたまらなく嫌だった。だから、ふつうに幸せになりたかった。それは「不安がないなら、それ以上は望みません」という彼の切なる願いを意味していた。

なおくんが志したのは、イシャになることだった。イシャは幼い彼が知る「ふつうにしあわせ」の最上位だったし、なおくんのお母さんが、そうなることを望んでいたのも大きかった。なおくんはお母さんを幸せにしたかった。だから、唯一の楽しみにしていた絵画教室も、「尚樹は、医者が合ってると思うねん」とお母さんから言われたその日に辞めることにした。お母さんだけは、自分の手で救い出さねばならない。「使命」という言葉を彼は知らなかったけれど、確かにそんな感覚を胸に宿していた。イシャになって綺麗な女性と結婚する。そして子どもが二人できたあとは庭付き一戸建ての家を買い、週末は2匹のゴールデンレトリーバーと遊ぶ。そうすればお母さんも安心できる。そんな未来に向かって生きることが、幸福への道を行くことだ、と彼は思っていた。

想定外のことが起きたのは、それからずっと後の冬の日だった。その頃には、なおくんは高校生になり、尚樹と呼ばれるようになっていた。尚樹はあの日、冬枯れた公園のベンチに座り、一人泣いた。親友だと思っていたサッカー部の友人がクラスメイトの女の子を好きだと言い、彼はそのことをどう受け止めればいいのか分からなかった。なぜ自分は泣いているのだろう。なぜ彼の後ろ姿が浮かぶのだろう。涙目の先でキラキラと散らばる冬の日差しを見ながら、彼はそれがおそらく恋なのだと悟った。

当時はＩＫＫＯさんの全盛期で、テレビをつけると、そこにはいつも彼女がいた。尚樹の頭の中には、リビングで夕飯を食べながら彼女を見て笑う自分の姿がぼんやりと浮かんだ。「どんだけ〜！」の合言葉と共に自分が声を出して笑った時、リビングの電気がバチンと音を立てて落ちた。そして無音の暗闇に包まれながら、彼はあることに気づいてゾッとした。「自分は彼女を見て笑っていたのではなく、ただ馬鹿にしていたのだ」。それは彼が初めて知る己のおぞましさだった。自分は善良な人間であると、なぜ、いつ思えたのだろう。思えば、そんな根拠はどこにもなかった。僕は人間に序列をつける、そしてそのことにも自覚のない、浅ましい人間だったのだ。暗闇の奥には、小さな四角い薄明かりが見えた。それはテーブルライトだけが灯る静まり返った部屋で、窓際には一人の男が立ち尽くしていた。綺麗な女性も、二人の子どもも、ゴールデンレトリーバーも、そこにはいない。それを尚樹は、未来の自分だと思った。こごえた唇が頼りなく動いて、「自業自得だ」と、尚樹にささやくように言った。

顔をあげると、あたりはすっかり暗くなっていた。尚樹はゆっくりと立ち上がり、夕闇の中で街灯に照らされて際立った自分の足元を見た。くたびれた白いスニーカーが、公園のかたく乾いた土の上で寂しく光っていた。今この足は、長く太い幸福への道をはずれ、沿道の荒野に踏み出してしまったのだ。僕はもう「ふつうに幸せ」どころか「ふつう」にもなれない。涙が他人事みたいに靴の上にぽたっと音を立てて落ち、土汚れにじんわりと滲んだ。

幸福な道の先

尚樹が旅に出ることに決めたのは、大学3年の頃だった。彼はあの日からもみんなと同じように受験勉強に精を出し、結局は同じ軌道を歩いてきた。これまで来た道に背を向けて、どこかに向かう勇気なんてなかった。けれど一方で、自分は幸福な人生を沿道から眺めている観客にすぎないのだと、彼は変わらず思っていた。どれだけみんなと並走しても自分の足元に道はない。いずれは大きな川に突き当たり、みんなはそこに架かる虹の橋を渡っていく。そしてその時自分は立ち尽くすことになる。それは、もしかする5年後にやってくる「結婚ラッシュ」のことかもしれないし、目前に控えた就職活動かもしれなかった。だから彼は、旅に出なくてはならないと思った。道をはずれ、あてもなく歩く時間が、自分には必要なのだと思った。

そうして飛び乗った船で、彼はあずさに出会った。出港の汽笛が鳴り響く中、夕焼けに染められたデッキの上で海を見る彼女の姿は、荒野を生き抜く痩せたライオンのようだった。短く切られた髪と、しゃんとした細身の体からは不思議と重みを感じ、その表情には、何かへの達観とも感謝ともとれるような、静かな優しさがあった。彼女のわきには、少ない荷物と一緒にギターケースが置かれていて、尚樹はそれを指差し、「音楽、お好きなんですか」と声をかけた。するとあずさはしっかりと尚樹の方に向き直り、「はい。ロックが好きで」と言った。「そうなんですか。僕も好きなんです」。尚樹がそう言うと、あずさはうすく微笑んで「いいですよね」と返した。

あの時尚樹は、「この人を大切にしよう」と思ったのだった。そしてそれはあずさも同じだった。それは二人にとって、きっと前世というものがあったのではないかと疑わされるような不思議な体験だった。愛というものは、長い時間をかけて芽生えることもあるが、出会ったその瞬間、既にそこにあることもあるのだと、あの日二人は知ったのだった。

あずさは尚樹と同じ大学生だった。高校に入学してから空手を始め、インターハイ出場を果たした後はすっぱりと競技をやめた。音楽を始めたのは大学入学後で、それからと言うもの、長い休みにはギターを一本もって海外を放浪するようになった。

あずさにとって重要なのは、己の心を見つめる時間だった。なぜなら、彼女にとって心以上に美しく、価値のあるものはこの世に存在しないからだった。心を見つめるその手段が空手から音楽に代わり、そして旅へと移っていったのだ。旅に出る直前はつらくてたまらなく、毎度のように泣いてしまうと言う。それでもなぜ旅をするのかと尚樹が聞くと、彼女は老人のような落ち着いた眼差しで長考した後、「生きてると感じるから」と言った。尚樹は、自分も生きてると感じたいと、心から思った。

そうして彼らは、二人で音楽を作るようになった。それは修行のような、祈りのような時間だった。二人で地べたに座り込み、何時間も歌詞を書きつらね、メロディラインを探した。そうして出来た歌を、二人は南インドの街角で歌ってみることにした。

傷は消えるわけなどないけど
消えてしまうものには意味はないから
いつまでも残るこの記憶がいつか
僕の心になる

自分の書いた青臭い歌を、照れもせず大声で歌ったあの時、尚樹ははっきりと空を見たのだった。それは「見させられている」と感じるほど、圧倒的な空だった。青はとてつもなく深く、入道雲は天まで上り、まるで命の力強さを祝福しているようだった。尚樹はずっと好きだった彼のことを思い出した。「好きだ」という一言が、最後まで言えなかった。「元気でね」と言って教室を出た時、自分が心の底から彼に元気でいてほしいと願っていることが嬉しかった。いつまでも、いつまでも彼が幸せでいてほしい。あの日そう感じた心の輝きを、一体自分以外に誰が知っているのだろう。誰かに笑われてもいいじゃないか。自分だけは自分の味方でいたい。僕は自分が美しい存在だと思わないけれど、価値がある存在だとも思わないけれど、ただ自分が美しいと思うものを、美しいと思っていたい。だから僕は、同性愛者として生まれてきた自分を愛してみたい。愛して、愛して、愛して、最期を迎えてみたい。そんな人生が幸せなのかはわからないけれど、僕は確かにそうしてみたい。自分は今、荒野の中で顔をあげ、その先にある景色をはっきりとこの目で見たのだと、尚樹は思った。

あとがきにかえて

家の近くに大きな橋がある。朝は必ずその橋を渡って職場に向かい、今日みたいに早く帰れた日には、歩道と車道を仕切るフェンスに腰掛けて、意味もなくぼんやりとする。何かに浸るという行為は、人間の幸福感に寄与するらしいと、以前読んだ本に書いてあった。昔はこういうことをしていたら、ナルシストだの何だのとバカにされるのではないかと気にしていたけれど、今じゃそんなことはもうどうでもいいのだった。年々、人目だけは気にならなくなっていくから、歳をとるのはいいことだなと思う。今年で僕は36歳になる。

今日は歩行者が自分以外には誰もおらず、数台の車が気持ち良く背後を駆け抜けるだけの、浸るには絶好の日だった。春先とは言え西陽があつく、こうしていつの間にか夏になるのだと思うと、どことなく切なくて具合が良かった。そうだ、タバコでも吸おうか。そう思ってズボンの右ポケットをあさった時、左ポケットに入れていたスマホがけたたましく鳴った。それは奇妙なリズムの効果音で、ムードをぶちこわしというか、大変に気をそがれるものだった。こんな音を選んだ記憶はないのにな。というか、そもそもなぜマナーモードになっていないのだろうと不思議に思いながらスマホを乱暴に引っ張り出すと、そこに表示されていたのは、昔付き合っていた人の名前だった。

彼と僕とはお互いが二人目の恋人だった。そして、お互いが別れたばかりの頃に出会い、お互いが決して愛し合っているとはいえない関係だった。異性愛者の多くが10代の頃に終えるような未熟な恋愛を、それぞれが20代後半になってようやく経験し、そして僕らは出会った。全身を焦がしきった体には、火傷に流水をかけつづけるような時間が必要だった。僕らはそのために互いの涙を利用したのだけれど、それは生ぬるくて、ぬめっていて、まったく気持ちのいいものではなかった。それでも二人には、一緒にいること以外に生きる術が見当たらなかった。そんな自分が僕は、そしてきっと彼も、情けなくてたまらなかった。

彼の名前が書かれた小さなタブをタップすると、「こんにちは 久しぶりに飯でもどうですか」と書かれてあった。その文字をじっと見つめていると、西陽であつくなった体の奥にある冷えた心をありありと感じた。それは彼に対する冷めた感情というよりも、自分自身へのうすい失望感だった。いったい彼はなぜ、どこで、どんなスピードで、この文面を打ったのだろう。考えてみても全く検討がつかない。思い出すことは、夜中にハタと起きてベッドで座っている彼の青い背中だけで、僕は彼のことを何も知らないのだった。

「今大阪だから、東京にはなかなか行かなくて　またタイミングがあえば」

そう返してホーム画面にもどり、今気になっている人とのトーク履歴を開いた。「また日程、教えてください」そう送ってから1週間が経つ。以前もこの人とは、こんなふうに食事の予定が流れたことがあった。もしかしたら忙しいだけなのかもしれず、もしかしたら好きな人がいて、おそらく確かなのは、脈なしということだった。僕は適当な鼻歌を歌って気を紛らわせ、重くなった腰を上げた。

久しぶりに連絡をくれた昔の恋人を平気でスルーして、気になる人とのやり取りを見ながら平気で悲しんでいる自分って、なんとなく最低な気がする。もう別れているのだし、それも淡々とした別れであったのだから、気にせず誘いくらい断ってもいいはずだけれど、もしかすると、彼は僕にしか頼れない話があるのかもしれない。もっと言えば、彼は僕のことがふつうに好きだったのかもしれないし、相手のことを何も見ていないのは僕だけだったのかもしれない。けれど、そんなことを考えても気になるのはあの人のことで、彼に対してあるのは冷めた心だけなのだから、「僕に頼りたいのかも」という思念は、ただの自己愛的な感傷にすぎないのだろうと思う。だから、やっぱり、自分って最低な気がするのだった。

こういった自分への「最低疑い」が胸の中で膨らむことは、頻繁にある。仕事からの帰り道では「あの仕事、断らない方がよかったかなー」とか、飲み会の帰り道では「あんなこと言わない方がよかったかなー」とか、大小さまざまな「最低疑い」が日々胸に去来する。そして、その度に僕は「わからないなー」と考え込んでしまう。歳を取ればわからないことが減っていくと思っていたけれど、それは減ったかと思えば、こうしてまたすぐに見つかるものだった。だから今のところ、わからないことの総数は減った気がしていない。

きっと誰かには「考えすぎだよ」と一蹴されるだけのことであるし、僕自身、いちいち考え込む自分が好きではない。2024年のM－1グランプリ決勝のバッテリィズのように、「人生に意味なんてないやろ」と言える方が断然かっこいいと思っているし、20代の頃は、こんな自分のことを情けない人間だと思っていた。立ち止まっている暇などないと、真っ赤な情熱だけを持って突き進む人たちが妬ましかった。自分を傷つける人たちには唾を吐いて、まっ黒な心で堂々としている人たちにも憧れていた。自分も彼らみたいに生きられたなら、もっと力強く、もっと遠くまで行けたのではないかと、30歳を迎えた時には、六畳一間で一人思った。

けれど今分かることは、たとえかっこわるくとも、僕にはこの生き方しかなかったということだ。白黒つけがたいものの前で毎度立ち止まり、グレーをグレーとしてじっと見つめ、社会や誰かの心理に想いを馳せることを、僕はやめられなかった。なぜなら、どんな人の痛みもできれば理解したいと願い、そして、誰に対してもできればフェアでありたいと願い生きることが、僕にとっては大切だったから。そうやって生きることが、マイノリティとして生まれた僕にとってのプライドだったのだ。

帰り道で無性に１００％のオレンジジュースを飲みたくなり、コンビニに寄った。小さな紙パックのものとペットボトルのもので悩んだけれど、今は量が必要な気がして後者を選んだ。店を出てそれを飲みほせば、血糖値があがって胸の鼓動が早くなった。パンパンに詰まった買い物袋をママチャリの両ハンドルにつるした男性が、目の前の信号を器用に渡っていった。もうこの先、こんなに味の濃い恋愛は待っていないのかもしれないと、僕は思った。そして、それでも生きてみようと、思ったのだった。

本書は、雑誌『ソトコト』で連載の「ゲイの僕にも、星はキレイで肉はウマイ」を加筆・修正し、書きおろしを加えて書籍化したものです

太田尚樹（おおた・なおき）
1988年、大阪生まれ。LGBTQのクリエイティブユニット『やる気あり美』代表。文芸誌での連載や脚本制作など、幅広い執筆活動に従事するかたわら、企業や自治体、学校等にて講演も行う。

新卒で株式会社リクルートに入社。大手結婚式場の集客・出店戦略のコンサルティングを担当。その後、セクシャルマイノリティとして社会で生きることの難しさやストレスをエンタメコンテンツに昇華することを目指し、『やる気あり美』を発足。同名WEBメディア編集長に就任。雑誌『ソトコト』にて「ゲイの僕にも、星はキレイで、肉はウマイ。」を連載。2016年ロハスデザイン大賞ファイナリスト。Podcast番組「そうだ！ゲイにカミングアウト」にて人気を博し、J-WAVE「TOKYO MORNING RADIO」にて別所哲也氏の代演を担当（1日だけやけど）。

グレーとライフ

2025年4月10日　第1刷発行

著　　者　太田尚樹
カバーイラスト　川添むつみ
ブックデザイン　佐藤亜沙美（サトウサンカイ）
発 行 人　永田和泉
発 行 所　株式会社イースト・プレス
〒101-0051
東京都千代田区神田神保町2-4-7 久月神田ビル
TEL: 03-5213-4700　FAX: 03-5213-4701
印 刷 所　中央精版印刷株式会社

ISBN978-4-7816-2440-2